# 汽车试验驾驶员技能素质
# 要求与评价方法实施指南

主　编　张红卫　王　盛
副主编　晋　杰　赵淑华
参　编　曹晋阳　孟兴凯　李　军　曾三华
　　　　张　鹏　李亦轩　刘智超　贾琰歌

U0359732

机械工业出版社

当前汽车工业已成为我国国民经济的重要支柱产业。汽车试验驾驶员作为汽车整车产品性能试验检测的直接参与者和质量控制的关键要素，对其岗位工作能力、评价方法和管理要求做出科学、合理、统一的规定十分必要和迫切。本书从当前汽车试验驾驶员管理现状出发，详细解释了《汽车试验驾驶员技能素质要求与评价方法》（T/CMIF 165—2022）标准，进而明确了汽车试验驾驶员技能培训与考核管理的相关要求，提出了汽车试验驾驶员培训机构与考核机构建设的相关技术方案和运行规则，展望新技术的发展，最后以案例分析阐明建立标准的意义。

本书可用作汽车试验检测机构以及汽车试验驾驶员培训考核机构的业务培训和技术管理资料，也可供对汽车试验驾驶员技能素质要求与评价方法感兴趣的驾驶员、技术与管理人员等学习参考，还适合有相关知识背景的从业人员深入学习。

**图书在版编目（CIP）数据**

汽车试验驾驶员技能素质要求与评价方法实施指南/张红卫，王盛主编. —北京：机械工业出版社，2024.5
ISBN 978-7-111-75894-5

Ⅰ.①汽… Ⅱ.①张…②王… Ⅲ.①汽车试验－汽车驾驶－评价－指南 Ⅳ.①U471.1-62

中国国家版本馆 CIP 数据核字（2024）第 105390 号

机械工业出版社（北京市百万庄大街 22 号　邮政编码 100037）
策划编辑：王　婕　　　　　责任编辑：王　婕
责任校对：杨　霞　梁　静　封面设计：张　静
责任印制：单爱军
北京虎彩文化传播有限公司印刷
2024 年 7 月第 1 版第 1 次印刷
169mm×239mm · 9.75 印张 · 134 千字
标准书号：ISBN 978-7-111-75894-5
定价：89.90 元

电话服务　　　　　　　　网络服务

客服电话：010-88361066　　机 工 官 网：www.cmpbook.com
　　　　　010-88379833　　机 工 官 博：weibo.com/cmp1952
　　　　　010-68326294　　金 　 书 　 网：www.golden-book.com
**封底无防伪标均为盗版**　机工教育服务网：www.cmpedu.com

# 前　言

众所周知，汽车作为一种现代交通工具已成为改善人民生活质量、促进经济社会发展和强化国防能力建设的重要产品。我国的汽车工业已有70多年的发展历史，尤其是经过改革开放以来40余年的快速发展，已成为国民经济重要支柱产业，不仅汽车年产销量多年达到2600万辆级别且稳居世界首位，截至2023年底，我国机动车保有量已达4.35亿辆，真正开启了汽车社会模式、步入汽车大国行列。与此同时我们也应清醒地认识到，一方面，汽车产品作为重要的生产资料和消费资料，是影响经济社会发展和人民生活水平提高的标志性商品，事关各行各业的健康发展和亿万百姓的幸福生活，其产品质量已成为全社会重点关注的焦点和投诉及纠纷争议对象；另一方面，汽车行业面临着安全高效、绿色低碳、智能网联的发展形势与要求，以及全球新技术发展与应用日新月异、市场竞争更加严酷的背景。

纵观世界汽车发展历史和各国经济社会发展经验，汽车产业与产品的管理制度和技术标准大多朝着型式认证、自我认证等方向发展、实践。无论何种管理模式，都需要基于科学、适用、规范的试验检测来证实产品质量、保证行政审批的有效性。汽车试验检测机构作为汽车产品的"体检师"，对产品质量的正确评判至关重要，其结果直接在产品、企业的生产销售中发挥作用，并关系到广大用户的使用安全和满意度，还会对国内外经济贸易的正常开展以及社会和谐稳定产生影响。为有效提升汽车道路试验质量与安全水平，根据中国合格评定国家认可委员会（CNAS）机械专业委员会/中国汽车摩托车检测认证联盟的工作部署，由交通运输部公路科学研究院牵头，联合相关汽车检测机构共同组成研究团队，按照相关标准化管理规定，完成了中国机械工业联合会团体标准《汽车试验驾驶员技能素质要求与评价方法》（T/CMIF 165—2022），并于2022年2月1日实施。

为充分发挥标准的规范与引领作用，切实做好标准的宣贯培训工作，标准主要起草单位和工作人员结合标准研究过程中的技术积累和研究成果，策划编写了本书，以便于各相关单位技术人员、管理人员和广大读者能够全面、准确理解标准内容，规范、有效执行标准要求，及时、充分了解相关技术发展趋势与管理政策等。本书分为6章，由张红卫、王盛担任主编，晋杰、赵淑华担任副主编，主要负责全文策划、技术指导、编写统稿等工作。第1章为概述，介绍了汽车试验质量、安全和驾驶员管理现状，阐述了本标准制定与实施的目的和意义，主要由张红卫、王盛等编写；第2章为《汽车试验驾驶员技能素质要求与评价方法》标准释义，对标准制定的原则、标准结构、主要内容及作用，以及各条款的内涵、制定依据和应用要求等进行详细说明，主要由张红卫、晋杰、曹晋阳、孟兴凯、赵淑华、曾三华、刘智超、贾琰歌等编写；第3章明确了汽车试验驾驶员技能培训与考核管理的相关要求，主要由晋杰、孟兴凯、曹晋阳、赵淑华、李军等编写；第4章提出了汽车试验驾驶员培训与考核机构建设的相关技术方案和运行指南，主要由晋杰、曾三华、曹晋阳、孟兴凯、贾琰歌等编写；第5章梳理分析了当前汽车驾驶员培训领域新技术发展应用情况、汽车产品新技术发展应用趋势及其对试验驾驶员技能素质的新需求等内容，主要由晋杰、曹晋阳、孟兴凯、刘智超、曾三华等编写；第6章收集、归纳、分析了汽车试验检测以及道路运输活动中与驾驶员直接相关的几类典型事件或事故的实际案例，主要由张红卫、晋杰、曾三华、张鹏、李亦轩等编写。

本书编写过程中得到了CNAS机械专业委员会/中国汽车摩托车检测认证联盟秘书长、中国机械工业联合会质量工作部副主任裴二阳与韩京城处长，CNAS吉黎明处长，全国道路运输标准化技术委员会秘书长、交通运输部公路科学研究院蔡凤田研究员，陆军试验训练基地第四试验训练区总体所魏健所长，汽车驾培技术研究资深专家、长安大学王生昌教授，以及CNAS资深主任评审员、中国北方车辆研究所研究员樊江滨、郭强等专家的悉心指导和审议。中公高远（北京）汽车检测技术有限公司参与了标准制定工作，中汽研汽车检验中心（天津）有限公司、长春汽车检测中心有限责任公司、河南凯瑞车辆检测认证中心有限公司等单位为汽车试验质量安全典型案例分析提供了宝贵资料，在此一并表示衷心感谢。

由于作者水平有限，书中难免有疏漏和不足之处，敬请读者批评指正。

编　者

# 目 录

# 第 1 章

# 概　　述

## 1.1　汽车试验质量、 安全与驾驶员管理现状

据统计，目前我国拥有从事独立第三方汽车整车产品试验检测的机构 30 余家、汽车试验场 37 个（包括在建、筹建），拥有汽车整车生产企业 340 多家（不包括专用车生产企业）、专用车辆生产企业千余家，粗略估计从事各类汽车试验的驾驶员有数万人。

当前从事汽车整车试验的驾驶员主要分布在不同的检测机构、专业试验场、汽车生产企业，以及少量制动系统、整车安全控制系统等关键总成企业和研发机构中，有些单位制定了自用的汽车试验驾驶员管理制度或技能等级评定方法，但由于存在体制机制、试验目的和管理要求等方面的差异，因此此类内部文件的内容及应用均存在一定的局限性。

首先，从汽车专业领域的实验室认可与检测机构资质认定评审实际工作来看，有关汽车整车试验检测能力评审和确认中针对驾驶员的资质、能力评价工作，评审人员通常是根据自身经验，通过查阅机构自定的内部人员要求和上岗培训、授权记录，观察现场典型试验项目的操作，以及必要的座谈交流等方式来具体实施。其次，从国内几十家汽车试验场对进场开展汽车试验驾驶员的管理要求来看，有的试验场对驾驶员的技能要求不具体、上岗门槛低，只要驾驶员具备相应的驾驶证并经过简单的管理制度学习和入场教育，就可进入场地进行试验工作；有的试验场虽然开展了驾驶员业务培训与考核管理，但没有对驾

驶员采取分级管理，驾驶员的工作及待遇与其技能素质水平没有关联，存在试验驾驶员队伍不稳定、人员更替频繁，甚至出现驾驶员配置与试验检测项目要求不适宜、影响试验检测质量与安全的现象，实际上加大了机构的安全与质量风险和相关的资源浪费。通过深入客观的综合分析可以发现以下特点：

1）由于各单位相关文件中的术语、定义、技能素质要求、评价方法等内容不尽相同，因此各单位对汽车试验驾驶员管理及素质要求具有一定的差异性，不利于有关检测机构的技术能力认可评定，很难充分保证汽车整车试验的安全性和质量控制的一致性，也不利于汽车产品质量提升和行业健康稳定发展。

2）由于实际试验工作中各单位试验驾驶员的安全意识与技能素质存在较大差异，如试验驾驶员未按要求取得技能资质驾驶相应的车辆、疲劳驾驶、违反试验场管理规定、行驶中的感知能力和车辆的控制能力不足等，因此汽车试验安全事故时有发生，10余个在用的大型综合性能试验场地每年都会发生几十起轻微或一般事故，重大伤亡事故也偶尔发生，给个人、单位和社会都带来巨大伤害和损失。

3）从试验质量与有效性控制方面来看，初步统计国内外现行的汽车试验标准中涉及驾驶员实车操作要求的主要标准有44项，其中包括ISO、ECE等国际标准化组织发布的相关标准17项，我国国家标准、汽车行业标准、交通行业标准27项，覆盖了动力性、经济性、制动性、舒适性、操纵稳定性、噪声、通过性、自动驾驶、可靠性及其他特殊试验等十大类试验项目，这些道路试验项目均是由驾驶员按照标准规定操作车辆来完成，驾驶员操作车辆的规范严谨和熟练程度直接影响到试验结果的准确性、可信度。由于缺少行业统一的驾驶技能要求及培训考核指导文件，汽车试验驾驶员的技能水平参差不齐，部分驾驶员完全凭借自身经验操纵车辆进行试验，存在试验结果重复性较差、数据失真等可能的质量风险；同时，由于操作不规范致使无谓追加的重复试验还会大幅增加试验成本，因此使总体试验时间加长、质量水平不高。

　　总之，目前虽有部分汽车试验场、检测机构和企业针对试验驾驶员开展了有关培训、考核工作，尤其重视结合车辆企业产品研发相关的主观评价试验、特殊环境条件驾驶安全等项目，但对于汽车性能测试标准的规定要求、测试质量控制能力评价、安全风险感知与控制等方面不够系统全面，汽车试验驾驶员培训及使用管理不规范、不充分、不统一，既不适应对汽车试验检测机构技术能力与管理水平的评审需求，也存在较大的生产安全与质量风险，不满足汽车行业高质量发展的现实需求。

## 1.2　《汽车试验驾驶员技能素质要求及评价方法》标准的意义

　　汽车试验驾驶员作为汽车整车产品性能试验检测的直接参与者和质量控制的关键要素，理应对其岗位工作能力、评价方法和管理要求做出全面、合理、统一的规定，但目前国内外均没有专门针对汽车试验驾驶员技能素质要求与评价方法的相关标准或文件。为此，迫切需要科学合理地制定一套标准文件，对汽车试验驾驶员的驾驶技能评价工作进行规范，不仅为实验室/检测机构认证认可中有关汽车试验驾驶员的技术素质要求评价提供依据，有效支撑有关机构的技术能力认可评审工作、提升认证认可质量和影响力；还要为汽车道路试验工作的质量与安全提供技术保障，显著提高试验质量和效率，提高试验安全水平，降低试验成本、缩短试验周期，有效促进汽车产业高质量发展和汽车产品在现代和谐社会发展中的广泛应用。

　　1. 保障汽车试验质量与安全

　　根据 GB/T 19000—2016《质量管理体系　基础和术语》给出的定义：

　　1)"质量"——客体的一组固有特性满足要求的程度（3.6.2）；客体则是可感知或可想象到的所有事物（3.6.1）。

　　2)"质量特性"——与要求有关的、客体的固有特性（3.10.2）。

　　3)"试验"——按照要求对特定的预期用途或应用的确定（3.11.8）；而

要求则是明示的、通常是隐含的或必须履行的需求或期望（3.6.4）。

4）"风险"——不确定性的影响；不确定性是一种对某个事件，或是事件局部的结果或可能性缺乏理解或知识方面的信息的情形（3.7.9）。

GB/T 43500—2023《安全管理体系　要求》标准旨在使组织能够控制风险并改进安全绩效，在组织及环境、领导作用与全员参与、策划、支持、运行、绩效评价、改进等方面给出了安全管理体系建立的通用要求。给出的主要定义包括：

1）"要求"——明示的、通常隐含的或必须满足的需求或期望（3.4）。

2）"风险"——不确定因素对目标的影响（3.16）。

3）"安全风险"——发生人员伤害和健康损害、财产损失、环境破坏的可能性与其后果严重性的组合（3.17）。

4）"隐患"——可导致安全事件发生的人的不安全行为、物的不安全状态、管理的缺陷，或其中一种或几种的组合（3.18）。

5）"事件"——可能或已经导致人员伤害、健康损害、财产损失或环境破坏的情况（3.24）。

2023年是我国汽车工业发展70年的重要节点，中国已成为名副其实的世界第一汽车制造大国，连续15年总产量世界第一，近几年每年2600多万辆的总产量，约占世界汽车总产量的32%，2023年更是突破3000万辆大关；另一方面，中国汽车出口量逐年递增，2022年出口汽车311.1万辆，2023年达到522.1万辆，成为全球最大的汽车出口国；尤其值得说明的是，中国新能源汽车产销量连续9年保持全球第一，占全球总销量超过六成，2023年新能源汽车产销分别完成958.7万辆和949.5万辆。在当前大好发展形势下，我们也应清醒地认识到整个汽车行业在新能源、智能网联和一系列高新技术发展应用日新月异，在国际竞争日趋激烈的环境下，在产品、企业、行业各层面的发展质量和效益方面仍有较大提升空间。如何实现创新驱动与高质量发展，是值得社会各界深思的共同话题。

汽车试验是汽车检测机构从事产品质量检测、评价，以及汽车生产企业进行产品开发技术验证的重要工作环节，只有严谨、规范地组织实施试验检测活动，才能获得科学、准确的测试结果，进而对汽车产品质量有一个客观、真实的评价。汽车试验按试验对象分为整车试验和零部件试验，按试验条件分为室内台架试验和室外环境试验。本书所称汽车试验特指汽车的道路试验，通常可分为整车性能试验和可靠性行驶试验两大类。其中整车性能试验又可按多方面质量特性细分为不同性能指标的试验检测；可靠性行驶试验则按照不同试验场地设施特点和试验规范，以及特定的设计要求和环境条件等组织实施。在汽车道路试验中，驾驶员的作用和影响巨大，他的驾驶操作直接关系到试验车辆的行驶状态是否符合标准规定的技术要求、结果是否真实有效、产品质量能否满足设计要求。由本书第6章的案例分析可见，如果驾驶员技能素质不达标、操作不规范，轻则试验数据失效、需重新试验，影响试验进度、增加试验成本；重则试验结果失真、错误；如未及时发现被采信，就会对样车性能、质量产生误判，给消费者、企业甚至全社会都带来质量或安全隐患；更有甚者，还可能在安全风险较大的试验项目中不能及时识别出安全风险或隐患，进而导致发生恶性事故，造成人员伤亡或车辆、设施损坏，生产安全责任重大。

2. 提高认证认可工作的规范性与有效性

汽车试验检测机构作为汽车产品的"体检师"，对产品质量的正确评判至关重要，其结果直接在产品、企业的生产销售中发挥作用，并关系到广大用户的使用安全和满意度，还会对国内外经济贸易的正常开展以及社会和谐稳定产生影响。国内所有第三方汽车产品检测机构及许多车企实验室依据 ISO/IEC 17025：2017《检测和校准实验室能力的通用要求》、CNAS-CL01：2018《检测和校准实验室能力认可准则》、CNAS-CL01-A005：2020《检测和校准实验室能力认可准则在汽车和摩托车检测领域的应用说明》和/或 RB/T 214—2017《检验检测机构资质认定能力评价 检验检测机构通用要求》等文件建立起了质量管理体系，且大多取得了 CNAS 认可和/或 CMA 资质认定。ISO/IEC 17025：

2017、CNAS – CL01：2018 中规定："实验室应将影响实验室活动结果的各职能的能力要求制定成文件，包括对教育、资格、培训、技术知识、技能和经验要求"。该两项文件仅提出了对人员的通用要求，并未对具体要掌握的技术知识、技能等做出明确规定。RB/T 214—2017 中规定："检验检测机构应建立和保持人员管理程序，对人员资格确认、任用、授权和能力保持等进行规范管理"，同样该文件也没有对人员的能力要求做出明确规定。CNAS – CL01 – A005 中规定："对从事道路试验的驾驶人员进行能力确认，能力要求包括必须具有法定的机动车驾驶证并满足相应的试验驾驶技能素质要求"，明确提出了对"试验驾驶技能素质要求"的认可需求。

根据 CNAS 机械专业委员会/中国汽车摩托车检测认证联盟的工作部署，由交通运输部公路科学研究院牵头联合相关汽车检测机构共同组成研究团队，申请了中国机械工业联合会团体标准《汽车试验驾驶员技能素质要求与评价方法》立项计划（计划项目编号：20190202）。按照相关标准化管理规定，团体标准《汽车试验驾驶员技能素质要求与评价方法》（T/CMIF 165—2022）已于 2022 年 1 月 12 日由中国机械工业联合会正式发布，2022 年 2 月 1 日实施。

《汽车试验驾驶员技能素质要求与评价方法》是在实验室基本认可准则的基础上，补充完善相关认可准则应用说明中对道路试验驾驶员技能素质要求的空白，明确汽车试验驾驶员的驾驶技能要求，提出适合实验室认可管理要求的驾驶员技能素质评价方法，规范各单位对试验驾驶员的技能评价与上岗资格授权工作，从而有效保障汽车整车道路试验质量与试验安全。标准为我国实验室认可评定中参与汽车道路试验的驾驶员这一重要岗位提供了科学有效的评价指标及要求，形成了有效引导道路试验驾驶员技能素质提升、考核与评价的全链条技术体系，可为我国汽车认证认可工作提供技术支撑，并为从事汽车道路试验的检测机构管理人员、驾驶员和相关试验人员提供技术服务和指导，标准的实施将有效提高实验室认可评定的规范性，促进道路试验检测工作的质量安全水平提高，促进实验室认可和认证检测行业高质量发展。

# 第 2 章

# 《汽车试验驾驶员技能素质要求及评价方法》 标准释义

## 2.1 标准制定的基本原则

标准编制工作遵循的两项原则：

一是标准法规的协调性、兼容性原则。本标准是在机动车驾驶员安全驾驶技能和道路运输车辆驾驶员技能和素质相关要求基础上，结合公安交管部门对驾驶员管理提出的具体要求编著而成，作为对从事汽车道路性能检验检测的专业机构试验驾驶员的遴选和管理依据。同时作为各检测机构试验车辆驾驶员管理的统一基本要求和评审员现场能力评审的重要依据，有效增强了标准在相互管理职能中的协调性和适用性。

二是标准的科学性、可实施性原则。科学制定汽车试验驾驶员技能素质要求，并形成评价方法。在标准制定过程中既充分考虑各类汽车试验驾驶员对道路试验标准的全面覆盖，同时也考虑试验驾驶员对难度较高试验的掌握及对车辆的控制能力，依据试验类型进行汽车试验驾驶员划分，提出针对性试验技能素质要求；根据不同试验类型进行理论和实车测试评价；最后依据机动车准驾车型形成技能素质不同分类级别。

该标准正文共包括9个章节内容和4个资料性附录文件，以及前言、引言和参考文献等内容。标准的"引言"明确指出：本标准是在检测实验室能力认可准则基础上，对汽车道路试验直接参与者——驾驶员技能素质规定进行补充完善，明确符合实验室认可管理要求的汽车试验驾驶员驾驶技能素质要求，提出切实可行的技能素质评价方法，规范各单位对汽车试验驾驶员的技能评价与上岗资格授权工作，提升汽车试验特别是整车道路试验的工作质量与安全水平。标准为参与道路试验的汽车试验驾驶提供科学有效的评价指标，形成汽车试验驾驶员技能素质提升、考核与评价的全链条体系，为开展汽车道路试验的检测机构人员管理提供技术指导，促进道路试验检测领域工作的高质量发展。标准技术要求包含了通用要求、驾驶员的试验技能素质要求、驾驶员技能素质评价方法、驾驶员技能级别标识和驾驶员技能的确认与保持5部分。标准全面系统地规定了汽车试验驾驶员的技能素质要求，包括对驾驶员的基本要求、道路交通安全法律法规、试验场管理制度、试验安全防护措施、试验异常情况及相应的处置方法、车辆行驶安全距离保持、车辆技术故障或安全风险的感知及正确处置、遵守场内规范等安全知识及安全驾驶行为等，考核评价则分为理论测试和实车道路测试两部分。

标准识别了几乎所有道路试验对驾驶员的基本要求及可靠性、常规项目试验、专业项目试验专业要求；驾驶员的基本要求及可靠性、常规项目试验、专业项目试验专业要求。考核通过的试验驾驶员，证明其已具备相应的技能素质要求，可保证试验驾驶操作的合规性和汽车试验结果的有效性，进而为实验室认可工作的有效性提供了技术支撑和科学有效的评价依据。同时，通过考核的驾驶员可取得相应等级资格，相关单位可对驾驶员实行分级管理、差异对待，能起到稳定试验驾驶员队伍的作用，也能做到资格等级与试验项目的精准匹配，有效避免人力资源的浪费；同时，有关资格等级结果也可在汽车试验检测行业得以互认，避免标准不一或重复考评，提高工作效率和质量水平。

总之，标准为汽车试验驾驶员技能素质培训考核提供了依据，标准的实施将提升试验驾驶员的质量安全意识、驾驶操作技能，规范各机构的人员管理工作和专业驾驶行为，从而保证汽车试验的安全性和有效性。

## 2.2　相关条款解读

### 2.2.1　关于"1 范围"的释义

本节对标准中"范围"的内涵作出解释，对汽车试验驾驶员技能素质相关级别划分、基本要求、技能素质要求、技能素质评价方法、技能级别标识以及能力确认与保持做了相关规定，并对标准的适用范围等内容进行了解释说明。

**标准条文**

1 范围

本文件规定了汽车试验驾驶员技能素质级别划分、基本要求、技能素质要求、技能素质评价方法、技能级别标识以及能力确认与保持。

本文件适用于从事汽车道路性能检验检测的专业机构试验驾驶员的考核和评价，其他相关机构的试验驾驶员考核与评价可参照使用。

**条文释义**

"范围"这一要素用来界定标准化对象和所覆盖的各个方面，并指明标准的适用界限。必要时宜指出那些通常被认为标准可能覆盖，但实际上并不涉及的内容。该部分内容是标准的规范性要素和必备要素，应位于标准正文的起始位置，作为标准的第一章。

从内容上将分为两个方面的"范围"；一是汽车试验驾驶员技能要求与评价方法的内容覆盖，即包含了基本素质要求、可靠性行驶试验、常规项目试验、专业项目试验等一整套的评价体系和方法。另一个是本标准的适用对象，即检测机构、汽车试验场和汽车生产企业。

根据 GB 7258—2017《机动车运行安全技术条件》规定，机动车是指由动力装置驱动或牵引，上道路行驶的供人员乘用或用于运送物品以及进行工程专项作业的轮式车辆，包括汽车及汽车列车、摩托车、拖拉机运输机组、轮式专用机械车、挂车。新修订的 GB/T 3730.1—2022《汽车、挂车及汽车列车的术语和定义　第 1 部分：类型》中汽车是指由动力驱动、具有四个或四个以上车轮的非轨道承载的车辆，包括与电力线相联的车辆（如无轨电车），主要用于载运人员和/或货物（物品）的车辆，牵引载运货物（物品）的车辆或特殊用途的车辆，或专项作业的车辆，以及包括由动力驱动、非轨道承载的三轮车辆。按照标准规定汽车可细分为乘用车、客车、载货汽车、专用汽车；但在现实社会中鉴于道路行驶的共同功能和属性，汽车行业、运输行业以及认证认可领域，往往将挂车与汽车列车等统一归并到汽车概念中来。为此本标准中的汽车是个广义的概念，包括了汽车列车，因此汽车试验也就包括了汽车列车试验内容。

目前，我国从事汽车性能检验检测的专业机构主要是对汽车的各项性能进行检测和试验，因此将标准中的应用范围界定为汽车试验范围，以适应当前汽车试验行业的发展，又为将来摩托车及其他机动汽车试验驾驶员技能素质要求的补充完善预留空间。同时，根据标准撰写体例和本标准主体技术内容要求，范围明确了本标准规定了汽车试验驾驶员的基本（通用）要求、可靠性行驶试验技能素质要求、常规项目试验技能素质要求、专业项目试验技能素质要求、技能评价方法以及汽车试验驾驶员技能的级别划分与要求。

标准的制定和相关技术条款要求是为进一步完善认可应用准则中对汽车道路试验直接参与者驾驶员技能素质，提出符合实验室认可管理要求的驾驶员技能素质评价方法，明确汽车试验驾驶员的驾驶技能要求，规范各单位对试验驾驶员的技能评价与上岗资格授权工作，从而保证汽车试验特别是整车道路试验试验质量与试验安全。本标准适用于从事汽车道路性能检验检测的专业机构试验驾驶员的遴选和管理，以提升汽车试验驾驶员的综合素质并规范管理。相关的汽车试验场、汽车生产企业以及需要开展整车性能试验的零部件企业等单位的试验驾驶员考核与评价工作，因其工作内容、属性和要求与检测机构不同，还可能包括了有关非标准方法的特有操作要求或人为主观性专家评价等规定，对此本标准内容仅供使用参考。

## 2.2.2　关于"2 规范性引用文件"的释义

本节对"规范性引用文件"的内涵和本标准所引用的国家标准、行业标准进行解释说明。

### 标准条文

**2 规范性引用文件**

下列文件中的内容通过文中的规范性引用而构成本文件必不可少的条款。其中，注日期的引用文件，仅该日期对应的版本适用于本文件；不注日期的引用文件，其最新版本（包括所有的修改单）适用于本文件。

　　**GB/T 3730.1**　汽车和挂车类型的术语和定义

　　**GB/T 3730.2**　道路车辆　质量　词汇和代码

　　**GB/T 3730.3**　汽车和挂车的术语及其定义　车辆尺寸

　　**GB 7258**　机动车运行安全技术条件

　　**GA 802**　道路交通管理　机动车类型

### 条文释义

"规范性引用文件"这一要素用来列出标准中规范性应用的文件/标准，由引导语和文件清单构成。该部分内容是资料性要素，同时也是一个必备/可选要素，即章编号和标题的设置是必备的，要素内容的有无根据具体情况进行选择。在标准编写过程中，有时需要编写的内容在现行其他标准中已经做了规定，并且这些规定也适用于本标准，因此可以采用引用文件的方法而不再抄录需要重复的具体内容，这样可以避免重复造成文件间的不协调、文件篇幅过大以及抄录错误等情况的发生。应以"规范性引用文件"为标题单独设为一章。如果标准中不存在规范性引用文件，应在章标题下给出"本文件没有规范性引用文件"的说明。

根据引用的方式，可以分为注日期引用和不注日期引用。注日期引用就是在引用时注明所引用文件的年号和版本号。凡是使用注日期引用的方式就是指明了所引用文件的版本，也就是仅有所注日期版本的内容适用于本标准，该版本以后的修订版以及修改单都不适用于本标准。对于提及了标准内容的具体条款号和不能确定是否能够接受引用文件将来的所有变化的，应该使用注日期引用。不注日期引用就是指在引用文件时不提及所引用文件的年号或版本号。凡是使用不注日期引用方式的，以后所引用文件不论如何更新，均是其最新版本；需注意的是，对于不注日期的引用文件，如果最新版本未包含所引用内容，则包含了引用内容的最后版本适用。在标准中引用其他文件时，应根据实际内容需要合理确定引用的方式。

根据标准编写要求，引用文件清单应按照下列文件属性分类列出，其中国际、ISO 或 IEC 按文件顺序号由小到大排列，其他文件先按文件代号的拉丁字母和/或阿拉伯数字的顺序排列，再按文件顺序号由小到大进行排列：

1）国家标准化文件。

2）行业标准化文件。

3）本行政区域的地方标准化文件（仅适用地方标准的编写）。

4）国内有关标准化文件或文献（须经归口的标准化机构确认）。

5）国际标准（含 ISO 标准、ISO/IEC 标准、IEC 标准）。

6）ISO、IEC 相关文件。

7）其他国际标准以及其他国际有关文件。

按照标准研究编制工作的需要，根据以上原则将所有在标准中引用到的文件统一按照顺序排列而形成规范性引用文件。本标准引用了 4 项国家标准和 1 项行业公共安全行业标准。这些标准的条文通过引用成为本标准的技术内容。

目前这些引用文件的现行有效版本分别为：

GB/T 3730.1—2022《汽车、挂车及汽车列车的术语和定义　第 1 部分：类型》

GB/T 3730.2—1996《道路车辆　质量　词汇和代码》

GB/T 3730.3—1992《汽车和挂车的术语及其定义　车辆尺寸》

GB 7258—2017《机动车运行安全技术条件》

GA 802—2019《道路交通管理　机动车类型》

考虑到所有标准都会被修订，因此标准使用者要特别注意需使用本标准未标注日期/年代号的最新有效版本内容。对于注明日期/年代号的引用文件，则应及时关注最新有效版本的相关内容变化情况，以及本标准的修订情况的实施要求。

## 2.2.3　关于"3 术语和定义"的释义

本节对"术语和定义"的内涵和本标准所涉及的术语进行解释说明。

**标准条文**

**3 术语和定义**

**GB/T 3730.1、GB/T 3730.2、GB/T 3730.3、GB 7258—2017 和 GA 802 界定的以及下列术语和定义适用于本文件。**

## 条文释义

"术语和定义"这一要素用来界定为理解文件中某些术语所必需的定义，由引导语和术语条目组成。该部分内容是规范性要素，同时也是一个必备/可选要素，即章编号和标题的设置是必备的，要素内容的有无根据具体情况进行选择。

在标准中单独列出一章"术语和定义"，其目的就是必要时给标准使用者提供方便，如果没有这一章，就需要在标准正文中随着相关术语和定义的出现进行解释。这些内容混在内容之中不易找到，如果将它们集中起来单独设为一章，并对每个"术语和定义"赋予条目和编号，则方便查找和标准的引用。术语和定义的表达形式和内容是相对固定的，形式就是"引导语＋清单"，清单的内容只表达每条术语及其定义。"术语和定义"一章在表述时需要引导语，如果只有标准中界定的术语和定义适用时，应表述为"下列术语和定义适用于本文件"；如果除了标准中界定的术语和定义适用外，其他文件界定的术语和定义也适用时，应表述为"……界定的以及下列术语和定义适用于本文件"。如果没有需要界定的术语和定义，则应在章标题下给出"本文件没有需要界定的术语和定义"的说明。

为便于对本部分标准内容的理解，规定统一采用 GB/T 3730.1—2022、GB/T 3730.2—1996、GB/T 3730.3—1992、GB 7258—2017 和 GA 802—2019 标准中明确的有关汽车领域相关术语，并对其他标准中未明确定义的试验驾驶员进行了明确。

## 标准条文

### 3.1 试验驾驶员 test driver
按既定要求实施汽车特定道路性能指标验证或参数测量的汽车操控人员。

## 条文释义

按 GB/T 3730. 1—2022《汽车、挂车及汽车列车的术语和定义　第 1 部分：类型》标准术语规定，汽车就是由动力驱动、具有四个或四个以上车轮的非轨道承载的载运人员和/或货物（物品）、牵引挂车和具有专项作业或专门用途的车辆，包括与电力线相联的车辆（如无轨电车）。除了最高级别的智能化车辆——无人驾驶汽车外，常规汽车都是由驾驶员负责驾驶操控的，因此汽车整车道路试验过程中试验驾驶员扮演着至关重要的角色，对试验驾驶员技能进行分级划分的前提是系统地梳理在专用场地或规定道路设施开展各项车辆性能检测试验的具体方法和要求，并予以归纳。也只有通过明确试验车辆驾驶员的驾驶技能要求，规范各单位对试验驾驶员的技能评价与上岗资格授权工作，方可为汽车整车道路试验工作的安全与质量控制提供人员保障。

拆开来说，"既定要求"就是按照标准要求（国标、行标、企标和国际标准等）的试验方法；"道路性能指标验证"就是检验是否符合标准限值要求；"参数测量"就是获得研发测试数据；汽车操控人员，这里既包括专业的试验驾驶员，也包括试验测试工程师，具有一定的普遍适用性。

## 2. 2. 4　关于"4 汽车试验驾驶员技能级别划分"的释义

本条文是本标准的主要技术内容之一。一是依据目前常见汽车整车试验的属性、目的划分为 10 类试验项目，二是依据试验标准规定的相关驾驶操作要求和控制难度等因素划分成 3 种试验类型、对应 3 个驾驶技能素质级别。

## 标准条文

**4 汽车试验驾驶员技能级别划分**

**汽车试验驾驶员（以下简称驾驶员）驾驶技能应分为 Ⅲ 级、Ⅱ 级和 Ⅰ 级 3**

个等级，其中Ⅲ级驾驶员需要具备可靠性试验技能，Ⅱ级具备常规项目试验技能，Ⅰ级具备专业项目试验技能，驾驶员驾驶技能级别划分见表1。

表1 驾驶员驾驶技能级别划分表

| 驾驶技能素质级别 | 试验类别 | 汽车试验项目 |
| --- | --- | --- |
| Ⅲ级 | 基础试验 | 可靠性试验 |
| Ⅱ级 | 常规试验 | 动力性试验（基本项目） |
| | | 经济性试验 |
| | | 制动性试验（0型和驻车） |
| | | 舒适性试验 |
| | | 噪声试验 |
| | | 通过性试验 |
| | | 智能性试验 |
| Ⅰ级 | 专业试验 | 动力性试验（典型项目） |
| | | 操纵稳定性试验 |
| | | 其他特殊试验（如 ABS、高速制动和部分失效制动等项目） |

## 条文释义

根据梳理分析国内外标准化组织发布与汽车试验相关并且涉及驾驶员实车操作的有关技术标准，其中包括 ISO、ECE 等国际标准化组织发布的相关标准，以及我国国家标准、汽车行业标准和交通行业标准，结合相关汽车试验检测机构以及汽车试验场地设施管理部门的实际工作经验，可以将涉及驾驶员实车操作的整车道路试验项目划分为十大类：汽车动力性试验、汽车经济性试验、汽车制动性试验、汽车操作稳定性试验、汽车舒适性试验、汽车噪声试验、汽车通过性试验、汽车智能性试验、汽车可靠及耐久性试验和其他特殊试验。其中，汽车可靠及耐久性试验目的是按规定试验条件或使用条件操控汽车行驶，并对汽车整车及其零部件的质量或寿命进行考核评价，对驾驶员专业技能要求较低，作为汽车的基础试验；动力性（基本项目）、经济性、制动性（0 型和驻车）、舒适性、噪声、通过性、智能性等试验项目是汽车研发、质量评价中常见的试验项目，对驾驶员专业技能要求较高，作为汽车的常规试验；典型动力性（乘用车 160km/h、商用 120km/h 以上）、操作稳定性，以及 ABS、高速制动和部分失效制动等特殊试验项目操控要求较高、控制难度大、安全风险也较大，对试验驾驶员技能素质要求也非常高，是汽车研发、质量评价中的专业性试验项目。

为确保试验驾驶员的专业技能满足上述三大类别、10 种项目、数十个技术标准的操作要求，科学、准确评价试验驾驶员的技能素质，综合考虑各类项目及标准对驾驶员基本条件、基础知识、操控要求、测试场景复杂度、测试场景危险度等因素后将汽车试验驾驶技能素质级别划分为三个等级，用罗马字母Ⅲ、Ⅱ、Ⅰ表示。其中Ⅲ级驾驶员驾驶技能素质等级最低，Ⅱ级次之，Ⅰ级最高，且Ⅱ级涵盖Ⅲ级，Ⅰ级涵盖Ⅱ级和Ⅲ级。三个等级驾驶员对应可以完成的试验项目，其中Ⅲ级驾驶员需要具备可靠性试验技能，Ⅱ级具备常规项目试验技能，Ⅰ级具备专业项目试验技能。

另外，对于未来一段时间，随着无人驾驶和智能网联汽车的快速发展，汽车试验驾驶员技能还应该具备智能网联汽车测试员的相关技能要求，即掌握智能网联汽车驾驶自动化功能的运行安全测试、道路测试、场地测试、仿真测试等；工作内容包括测试车辆的检查与设置、测试设备的安装与使用、测试数据的记录与分析、测试问题定位与参数优化、测试方案的制定与优化、测试场景的搭建与优化等。

## 2.2.5　关于"5 通用要求"的释义

本条文为本标准的主要技术内容之一。汽车试验驾驶员是汽车试验检测工作的主要参与者，更是试验检测质量与安全的主体责任者。为了确保各试验检测机构选人用人的合法性、科学性、有效性，首先对试验驾驶员的驾驶证合法有效性、汽车及使用基础知识、相关的交规与标准知识、试验设施及安全要求以及"三高"试验环境下身体适应性等方面提出通用性的基本要求。

## 标准条文

**5 通用要求**

**5.1** 中国公民应持有合法有效且与所驾驶试验汽车车型相符的机动车驾驶证，驾龄不应少于 **3** 年，连续 **36** 个月内无人员伤亡交通责任事故，每个记分周期未扣满 **12** 分；外籍人士须持有中国合法/互认的驾驶证，并提供与上述要求相当的驾驶年限和管理证明。

## 条文释义

试验驾驶员应持有通过合法途径获得的，由中国公安交通管理机关核发并在有效期限内的，与所驾驶的试验车辆车型相符的机动车驾驶证。因为汽车试验工作的特殊性，因此对试验驾驶员的驾驶经验、规范驾驶行为和经历等都需有更高的要求，参照营运驾驶员的相关要求提出了需满足驾龄不少于 3 年，连续 36 个月内未发生人员伤亡的交通责任事故，且每个计分周期内均未扣满 12 分的规定。随着我国汽车产业的快速发展以及与国内外交流合作的加强，有些试验检测工作往往聘请外籍人士参与其中，根据有关外交惯例、结合相关单位实施经验及要求，规定外籍人士也须持有中国合法的或与中国互认的驾驶证，并应提供上述要求的资料证明。

## 标准条文

**5.2** 应具备汽车结构及基本技术性能、汽车日常检查、维护和应急处置等相关知识。

## 条文释义

汽车试验驾驶员为了圆满工作任务，首先要对各类试验驾驶的汽车构造和一些基本技术性能方面的知识有所掌握，同时还应掌握汽车的日常点检、维护保养及出现特殊情况的应急处理方法。只有这样驾驶员才能在接到任务后尽快进入角色、熟悉车辆性能、保持车辆良好状态、保证试验工作的正常开展。

拆开来说，"汽车结构"就是要求基本掌握汽车一般由发动机 、底盘、车身和电气设备四个基本部分组成；新能源汽车要掌握电机、电控和电池等；以及每个部分拆开的基本常识性理论知识。"基本技术性能"就是要基本具备点火起动、转向、制动、加速、连续转向等驾驶技能。"汽车日常检查、维护"就是加注燃料、充电、玻璃水、换备胎、更换机油等基本技能。"应急处置"就是能在试验车辆濒临失控的时候通过一些预防性动作让试验车辆回归正常；并且在试验车辆出现试验事故的时候，帮助场地安全管理人员做出一些应急措施，如摆放三角架警示牌、拨打急救电话等。

## 标准条文

**5.3 应掌握道路交通安全法律法规和相关技术标准与操作规范。**

## 条文释义

由于汽车试验不仅会在试验场专用试验道路设施上行驶，而且还会在社会公共道路上行驶，试验过程中相应的车辆、人员以及其他交通参与者等都会产生相互联系和影响，应遵守共同的交通规则，因此要求驾驶员应掌握道路交通方面的法律法规、汽车试验相关的技术标准及相应的操作规范。只有这样驾驶员才能时刻牢记、严格遵循交通法规和技术标准的行车与操作要求，安全行车、规范驾驶。

**标准条文**

**5.4** 应熟悉道路试验设施的布局与管理要求，自觉遵守相关的试验安全、防护与保密管理规定。

**条文释义**

由于汽车试验经常会在一些专用路面和场地设施进行特殊的驾驶操作，还会涉及新技术新车型的保密要求，因此驾驶员在这些路面和场地设施上试验时须熟悉道路试验设施的布局及统一规定的使用管理要求，自觉遵守相应的安全、防护和保密等的规定。只有这样，驾驶员才能做到对试验场地设施的全面了解和熟练掌握，正确采用个人、仪器和汽车的安全防护措施，按规定做好汽车保密工作，合理、规范、轻松、安全地操控车辆，为汽车试验质量与安全提供基础保证。

细化来说，"熟悉道路试验设施的布局与管理要求"就是要熟悉试验场所的道路布置，出入口位置、限速要求、限行设置以及相关的管理规定等，如临时停车、人行道等，这是进入试验场进行道路试验的最基本条件；"试验安全、防护与保密管理规定"就是要确保加载物、设备及数据线牢固固定，防侧翻支架牢固安装，驾驶员安全带、护膝和防护头盔等护具佩戴完好；进入试验场要粘贴手机保密贴，不经允许禁止私自拍摄照片、视频等。

**标准条文**

**5.5** 对在高原、高寒和高温等特殊环境下开展试验的驾驶员，应具备相应的身体健康条件。

**条文释义**

众所周知，高原、高寒、高温等特殊环境条件下的汽车试验一般简称为

"三高"试验，是世界范围内各汽车企业进行产品开发和性能验证必不可少的环节，主要是为了解决在这些特殊极限条件下汽车性能的优化匹配和可靠性，以更好地满足市场和用户需求，提高产品的竞争力。由于高原地区空气稀薄、气压降低，往往有众多的山区公路、弯多坡陡，增大了汽车转向、制动系统的工作强度；高寒地区气温低、多冰雪，不仅会使燃油（气）车辆燃烧不良，或者电动汽车储电能力、续驶里程下降，还易使众多非金属部件总成性能衰退，出现密封性变差、管路故障甚至系统故障、制动性能失效；高温地区气温高、雨水多、辐射强，往往出现橡胶、塑料类非金属部件总成老化、性能衰退，极易造成液、气系统的渗漏，或者金属件出现锈蚀、损伤、性能衰退等，影响性能发挥。"三高"条件下开展的试验，既是对汽车质量性能的严峻考验，更是对汽车试验驾驶员的高标准考验。只有具有健康的身体（如血压、心电图、体重等），才能适应"三高"试验环境条件，在良好的生理、心理状态下驾驶车辆，及时发现异常并有效解决，确保安全、顺利、高质量地完成各项规定的汽车试验任务。

细化来说，高原：大多数会在海拔在 2700～4000m 的地区；氧气含量的减少和气压的降低会对驾驶员的身体产生负面影响；甚至有强烈的高原反应。中国已经建设了多个高原环境试验基地，包括青海海东、西藏那曲等地。

高寒：大多数会在极度寒冷（气温达 −40～−25℃）的极端地带进行多项复杂路况的驾驶测试；长时间极度低温环境对驾驶员的身体要求很高，稍有不慎就会被冻伤。中国目前测试地点基本在漠河、黑河或者内蒙古的牙克石。

高温：大多数会在持续高温达到 35～50℃ 的环境下进行测试，长时间持续高温环境容易诱发驾驶员中暑、心脏病、胃肠道疾病等；中国目前测试地点大多在新疆吐鲁番。

## 2.2.6 关于"6 驾驶员试验技能素质要求"的释义

本条文为本标准的主要技术内容的核心部分，是为保障汽车试验安全和试验质量，对汽车试验驾驶员提出的在理论知识、实践经验和实操技能方面应具备的基本素质要求。

## 标准条文

**6 驾驶员试验技能素质要求**

**6.1 驾驶员试验技能素质要求包括有关试验规范、试验设施、驾驶操作、辅助操作和应急处置等具体要求，应符合表 2～表 4 要求。**

表 2　驾驶员试验技能素质要求（一）

| 序号 | 内容 | |
|------|------|------|
| 1 | 应掌握具体的可靠性行驶试验规范要求 | |
| 2 | 应熟悉可靠性行驶试验相关的道路设施布置、特点与使用要求 | |
| 3 | 应严格执行可靠性行驶试验驾驶操作要求 | 按照试验要求的行车路线和车速安全驾驶 |
| 4 | | 试验过程中正确选用挡位，不得空挡滑行 |
| 5 | | 按照可靠性试验规范对相关系统和部件进行开启、关闭及调节操作 |
| 6 | | 及时、准确和全面地记录试验过程规范要求的各种信息 |
| 7 | 应具备及时发现、判断故障情况和紧急处置的能力 | |
| 8 | 应具备在雨雪雾天气和夜间等特殊环境条件以及山区道路等条件下的试验安全驾驶能力 | |

表 3　驾驶员试验技能素质要求（二）

| 序号 | 内容 | |
|------|------|------|
| 1 | 应熟悉常规试验项目相应的试验条件要求 | 试验汽车的配载、轮胎、燃料或其他能源种类等要求 |
| 2 | | 大气压力、气温、相对湿度和风速等试验气象条件 |
| 3 | | 道路类型（线形、长度、宽度和坡度）、路面状况及车速限制等试验道路条件 |

（续）

| 序号 | | 内容 |
|---|---|---|
| 4 | 应熟悉试验项目中试验汽车及相关试验用品的准备要求 | 试验汽车的生产企业、产品型号、发动机/驱动电机型号、驱动型式以及转向系统和制动系统等主要总成的基本情况与相关技术要求 |
| 5 | | 按照汽车装配调整技术文件的有关规定完成汽车装备完整性、装配调整情况和初始行驶里程的检查与记录 |
| 6 | | 根据试验要求对试验汽车进行磨合和预热 |
| 7 | | 按标准及相关作业指导书要求安装和使用相关的防护器材或装备 |
| 8 | 应了解试验项目中试验设施设备的操作要求 | 协助试验技术人员安装调试试验设备 |
| 9 | | 试验结束后协助试验技术人员完成设备拆装、清点、技术状况检查及安全存放等后续处置 |
| 10 | 应掌握试验项目的试验操作规程，按照规定的试验步骤和技术要求等完成汽车驾驶 | |
| 11 | 应掌握开展试验项目应采取的安全措施，包括隔离、警示、人员约束及载荷和设备的固定等安全措施 | |
| 12 | 试验驾驶时，应满足以下要求 | 对行驶方向、行驶速度、跟车距离及发动机转速等具备良好的感知能力和控制能力 |
| 13 | | 对转向盘、加速踏板、制动踏板、挡位，以及汽车驾驶区的其他操纵件等操纵机构和指示器具有良好的识别判断与控制能力 |
| 14 | | 对试验道路及场地条件的安全性具备良好的感知能力和汽车操控及应急处置能力 |
| 15 | | 开展汽车智能性能试验时，应具备紧急情况下接管汽车驾驶的处置能力 |
| 16 | 应能及时察觉和识别试验中出现的下列异常情况并及时处置 | 人员健康和驾驶操作出现的异常 |
| 17 | | 汽车出现的异常 |
| 18 | | 试验环境出现的异常 |
| 19 | | 试验设备出现的异常 |
| 20 | | 试验数据出现的异常 |

**表 4  驾驶员试验技能素质要求（三）**

| 序号 | 内容 | |
|---|---|---|
| 1 | 熟悉试验场地条件，熟悉试验过程中具体的速度、时间和距离等参数总体范围及控制要求，掌握试验时所需的速度、加速距离与时间及减速距离与时间等控制要求 | |
| 2 | 具备对试验汽车的行驶极限状态的良好感知和控制能力，至少包括但不限于以下几方面 | 汽车在紧急制动过程中，汽车出现甩尾、跑偏和折叠迹象等情况 |
| 3 | | 汽车在接近极限车速时，发动机及整车的状况 |
| 4 | | 汽车在操纵稳定性试验中，整车侧倾和侧滑失稳等状态 |
| 5 | 具备对试验汽车出现机械故障和行驶失控等异常情况的处置能力 | |

## 条文释义

概括来说，汽车道路性能试验就是驾驶员与汽车有机配合、在规定的道路设施上严格执行有关标准规范要求进行行驶操作，对相关汽车性能指标进行测试评价的过程。为了能够对汽车有一个科学、客观、真实的评价，保证汽车试验质量与安全，关键就是要求试验驾驶员须具备全面、过硬的业务技能和综合素质。一是对试验规范的准确理解，知道试验车辆在哪些路面上如何行驶；二是对试验设施十分熟悉，知道车辆行驶通过时的场地特性与操控要求；三是对各类车型不同场景下的驾驶操作熟练掌握，知道如何执行试验规范要求完成规定车辆动作；四是对车辆的维护保养与质量检查、相关的安全防护装备使用、必要的仪器设备装卸等辅助性工作要求等都能正确掌握，知道如何做好试验准备、如何配合技术人员工作；五是对试验过程中出现的异常、紧急和危险状态等情况时的应急处置恰当合理，知道如何及时准确识别并科学有效处置。针对上述 5 方面的技能素质要求，按照适用对象与范围分成 3 个层次，对应表 2 ~ 表 4。

## 标准条文

**6.2 可靠性行驶试验技能素质（Ⅲ级）应符合表 2 要求。**

## 条文释义

依照本标准表 1 中驾驶员技能级别划分规定，可靠性行驶试验技能素质（Ⅲ级）须满足表 2 中规定的要求，具体要求包括：

1）应掌握具体的可靠性行驶试验规范要求——开展可靠性行驶试验前检测机构或汽车企业应根据具体的考核目的、试验地点、气候条件、考核对象（整车或某部件）与样品数量，结合相应试验场地设施情况来制定试验大纲或试验规范，其主要内容有可靠性行驶试验目的、环境条件要求、载荷配置要求、典型试验路面的行驶路线及里程分配，各种典型试验路面上的车速、挡位及相关电器系统的使用要求，以及试验中的作息规定与行车记录、车辆检查与故障记录、数据统计与结果评价要求等。试验前应对驾驶员进行培训，确保其能熟练掌握可靠性行驶试验规范要求，知道该怎么掌握试验要求、规范驾车行驶、完成试验任务。

2）应熟悉可靠性行驶试验相关的道路设施布置、特点与使用要求——试验前应对驾驶员进行培训，使驾驶员熟悉可靠性行驶试验规范中确定的试验线路上的各种道路/路面布置、路面特征及驾车体验、行驶车速及控制要求、行驶路线及方向，以及相关交通指示标志、消防安全设施等布置与使用要求等，知道实际驾车行驶时所有经过的设施环境特点、要求和注意事项，能够有效规避一些安全风险、提高工作质量和效率。

3）应严格执行可靠性行驶试验驾驶操作要求：按照试验要求的行车路线和车速安全驾驶；试验过程中正确选用挡位，不得空挡滑行；按照可靠性试验规范对相关系统和部件进行开启、关闭及调节操作；及时、准确和全面地记录试验过程规范要求的各种信息。可靠性行驶试验能否顺利实施关键在于驾驶员的操作是否规范、合理。

其一是要按照试验大纲/试验规范要求的行车路线和车速行驶，包含试验场内各个典型道路循环路线与认定的场外试验路线，以及相应的车速控制规定。

其二是要根据试验大纲/试验规范要求，结合具体的试验车辆特点合理、正确地选用挡位，为了确保试验质量与安全严禁空挡滑行，同时驾驶员也需注意不应出现低挡高速、拖挡行车等错误使用挡位的驾驶行为。

其三是要根据试验大纲/试验规范要求，为了确保可靠性试验评价的系统、全面和准确，应按规定对相关系统和部件进行开启、关闭及调节操作，包括但不限于规定时间和频次的进行车门、窗、行李舱、刮水器、灯具、空调、音响等部件总成的开关及调节等操作，记录次数、质量效果等信息。

其四是要按照试验大纲/试验规范要求，及时、准确、规范地记录试验过程各种信息，包括前述试验记录表中要求的天气情况、试验路面情况、试验起止时间及里程表读数、停车休息时间，加注燃油、润滑油、冷却液、制动液、洗涤液（玻璃水）等各类油液的时间、数量和里程表读数，详细准确地描述车辆发生异常及故障的症状现象、时间及里程表读数、处置方式等与试验质量相关的信息。

4）应具备及时发现、判断故障情况和紧急处置的能力——是要求驾驶员具备丰富的实践经验和应变能力，当行车试验中车辆出现异常时能够及时发现、准确判断故障情况，并采取合理有效的措施加以应对，避免故障升级或出现险情。这里重要的是驾驶员能够敏锐察觉车辆的异常状态，准确判断发生故障的部位及严重程度，及时采取合理可行的应急处置措施。这种能力需在有关培训基础上靠长时间的经验积累和自我感悟逐步培养起来。

5）应具备在雨雪雾天气和夜间等特殊环境条件以及山区道路等条件下的试验安全驾驶能力——由于汽车可靠性行驶试验的特殊性，允许在满足正常道路通行要求的雨雪雾天气和夜间等特殊环境条件以及山区道路等条件下正常进行。这样的气候与道路条件往往会给驾驶员的视野和操作带来不利影响，同时还会降低车辆的制动性能、视认性能、操控性能等，需要驾驶员具有更强的操作技能和健康的生理、心理指标。驾驶员应具备能保持安全车速、车距、正确使用灯光信号等的能力，在山区道路行驶不得占道、超速，不应在连续弯道和长下坡路段连续使用制动器等错误的驾驶行为，从而保障试验任务的安全顺利完成。

## 标准条文

**6.3 常规项目试验技能素质（Ⅱ级）应符合表 2 和表 3 要求。**

## 条文释义

依照本标准表 1 中驾驶员技能级别划分规定，常规项目试验技能素质（Ⅱ级）须满足表 2 和表 3 中规定的要求。相对于可靠性行驶试验技能素质（Ⅲ级），常规项目试验技能素质（Ⅱ级）增加的具体要求包括 7 条 20 款：

1）应熟悉常规试验项目相应的试验条件要求：试验汽车的配载、轮胎、燃料或其他能源种类等要求；大气压力、气温、相对湿度和风速等试验气象条件；道路类型（线形、长度、宽度和坡度）、路面状况及车速限制等试验道路条件。

其一是要求熟悉各种影响试验结果和安全行驶的试验汽车具体配置和参数状态等车辆条件，需要熟悉整备质量和满载质量规定，以及对轮荷、轴荷的要求和调整方法；需要熟悉试验状态下对轮胎气压、轮胎花纹深度、轮胎磨损量等要求和检查调整方法；需要熟悉试验车辆所用燃料或其他能源种类，并正确选用、合理加注，如汽油、柴油、新能源等。

其二是要求熟悉各种影响试验结果和安全行驶的气象条件，知晓不同试验项目对温度、湿度、风速、气压等气象条件的具体要求，尤其是对气象条件有明确规定和数据修正要求的测试项目更要严格监控、执行。

其三是要求熟悉各种影响试验结果和安全行驶的试验道路条件，知晓标准中不同试验项目对试验道路的线形、长度、宽度、坡度、高附、低附等要求，知晓对试验路面干燥、平整、清洁、破损及 ABS 等试验水膜覆盖和冰雪覆盖路面等路面状况要求，同时要知晓相关试验场地道路参数及不同路段的限速要求。

2）应熟悉试验项目中试验汽车及相关试验用品的准备要求：试验汽车的生产企业、产品型号、发动机/驱动电机型号、驱动型式以及转向系统和制动系统等主要总成的基本情况与相关技术要求；按照汽车装配调整技术文件的有关规定完成汽车装备完整性、装配调整情况和初始行驶里程的检查与记录；根据试验要求对试验汽车进行磨合和预热；按标准及相关作业指导书要求安装和使用相关的防护器材或装备。

其一是要求熟悉试验车辆整车与主要总成的一些基本信息，主要包括试验汽车的生产企业、产品型号等产品信息，熟悉试验汽车的发动机或电动机的类型特点与具体型号，熟悉试验汽车的驱动型式，转向系、制动系的构成与布置方式、特点及助力型式等相关技术参数。

其二是要求熟悉车辆装配调整技术文件，能够独立确认车辆的装备是否齐全，车辆状态是否符合试验要求。

其三是要求熟悉试验车辆的磨合和预热的操作流程，包括轮胎、制动器及其他总成的磨合和预热。

其四是需要熟悉车辆的防护器材及装备使用安装要求，包括防滚架、防侧翻装置、头盔等。

3）应了解试验项目中试验设施设备的操作要求：协助试验技术人员安装调试试验设备；试验结束后协助试验技术人员完成设备拆装、清点、技术状况检查及安全存放等后续处置。

其一是要求能够配合试验员安装、调试仪器设备，确认仪器设备的固定是否牢靠。

其二是要求能够在试验结束后协助试验员完成设备拆装、清点、技术状况检查及安全存放等后续处置。例如噪声试验完成后需协助试验员完成标牌、支架的拆装、清点、收纳，对声级计进行复查确认正常后关机，必要时拆掉电池并按要求放入仪器收纳盒中妥善存放。

4）应掌握试验项目的试验操作规程，按照规定的试验步骤和技术要求等完成汽车驾驶。要求汽车试验驾驶员应掌握试验操作规程，按规定的步骤、要求完成驾驶，例如在进行车辆加速行驶车外噪声试验时，应能在进行该项试验时对车速、发动机转速、使用挡位及加速减速时机准确把握，并能按要求正确操作并开展试验。

5）应掌握开展试验项目应采取的安全措施，包括隔离、警示、人员约束及载荷和设备的固定等安全措施。要求汽车试验驾驶员应掌握需采取的安全措施，包括根据试验的危险情况进行隔离、封场；人员、载荷、仪器设备等车上其他物品的固定等安全措施。

6）试验驾驶时，应满足以下要求：对行驶方向、行驶速度、跟车距离及发动机转速等具备良好的感知能力和控制能力；对转向盘、加速踏板、制动踏板、挡位，以及汽车驾驶区的其他操纵件等操纵机构和指示器具有良好的识别判断与控制能力；对试验道路及场地条件的安全性具备良好的感知能力和汽车操控及应急处置能力；开展汽车智能性能试验时，应具备紧急情况下接管汽车驾驶的处置能力。

其一是要求汽车试验驾驶员能根据不同试验项目、不同试验车速要求，与周围其他试验车辆保持安全距离，对使用不同挡位时的发动机转速状态是否过高或过低能够具备良好的感知并能很好地控制。

其二是要求对驾驶室内的操纵件应能正确地识别和使用，对加速踏板、制动踏板和离合器踏板的踏板阻力、回弹力度、行程长短、响应速度等识别与感知，挡位的间隙及挂入是否清晰，熟悉不同车型倒挡（R）的操作方式，离合器与换挡的配合时机是否准确，转向盘的自由行程、操纵轻便性，转向盘转角与轮胎转角相互关系是否正确能够感知并能够合理准确无误地操纵。

其三是要求应能根据试验的危险程度评估场地条件是否能够满足试验要求，试验过程中预留足够的试验缓冲区，能够安全稳定地操控车辆并在车辆出现侧滑等不稳定状态时能够冷静正确地处置。

其四是要求在进行汽车智能性能试验时，如果车辆智能系统失效发生紧急情况，能够及时判断并接管和控制车辆，避免危险的发生。

7) 应能及时察觉和识别试验中出现的下列异常情况并及时处置：人员健康和驾驶操作出现的异常；汽车出现的异常；试验环境出现的异常；试验设备出现的异常；试验数据出现的异常——要求汽车试验驾驶员应具备在试验过程中对人员、车辆、设备、环境、试验数据出现异常情况的感知和应急处理能力。如在试验过程中驾驶员发现自己身体不适时应做出的一些安全处置；当驾驶误操作失误如挂错挡位时能及时纠正；汽车的异常指的是如车辆发出异响、发出异味等现象；试验环境出现异常指的是如风速等天气因素发生变化；设备出现异常指的是如设备固定松动、接触不良等现象；试验数据出现异常指的是如数据发生掉包、重复性不好等现象。

## 标准条文

**6.4 专业项目试验技能素质（I级）应符合表2、表3和表4要求。**

## 条文释义

专业项目试验技能素质（I级）应同时满足表2、表3和表4要求（还应满足II级、III级驾驶员的素质要求，同时具备进行可靠性行驶试验、常规项目试验和专业项目试验的能力），表4中具体要求：

1) 熟悉试验场地条件，熟悉试验过程中具体的速度、时间和距离等参数总体范围及控制要求，掌握试验时所需的速度、加速距离与时间及减速距离与时间等控制要求。

　　要求汽车试验驾驶员不仅要熟悉场地条件、试验时对车速、时间、距离等参数的范围和控制要求，还应掌握试验过程中对速度、加速度与时间、减速距离与时间等控制要求，即对试验的规范及相应的标准要求应熟悉掌握。

　　2）具备对试验汽车的行驶极限状态的良好感知和控制能力，至少包括但不限于以下几方面：汽车在紧急制动过程中，汽车出现甩尾、跑偏和折叠迹象等情况；汽车在操纵稳定性试验中，整车侧倾和侧滑失稳等状态。

　　汽车在接近极限车速时，发动机及整车的状况；驾驶员应具备感知车辆在试验过程中是否处于稳定、极限及失稳状态的能力并能正确控制。

　　3）具备对试验汽车出现机械故障和行驶失控等异常情况的处置能力——当车辆出现故障和失控时（如试验过程中突然发生爆胎出现车辆失控），汽车试验驾驶员等应能及时应变并能妥当处置，尽量保障安全，将危险性和损失降到最低。

## 2.2.7　关于 "7 驾驶员技能素质评价方法" 的释义

　　本条文为本标准的主要技术内容之核心部分，是在参考相关标准规范要求基础上针对汽车试验驾驶员技能素质规定的考核方式和评价规则，以便于各标准使用单位对试验驾驶员的各级别技能素质评价工作中统一认识、规范实施，确保评价结论准确，评价结果可以互认共享。

**标准条文**

7 驾驶员技能素质评价方法

**7.1 概述**

驾驶员技能素质评价包括理论考核评价和实车道路考核评价。

## 条文释义

目前，国家现行有效的机动车驾驶员培训与考核的内容与方法，分为道路交通安全法律、法规及相关知识组成的理论知识考试科目，和规定的场地驾驶技能考试科目两部分。交通运输行业的营运驾驶员技能素质评价也是包括专业理论知识与专业技能两部分。多年来的汽车试验检测质量与安全管理工作经验表明，试验驾驶员工作中所出现的测试数据质量及安全风险问题归结起来主要有两点：一是部分驾驶员凭借自身经验操纵车辆，但对试验原理认识不足，对标准内容及控制目标不清晰；二是有部分驾驶员虽然具备相当的理论知识、知晓标准要求，但实际的车辆操作控制能力不足。因此，在本标准中明确汽车试验驾驶员素质评定需要包含理论和实车道路实操两方面内容的考核，从而使试验驾驶员的理论知识和实际操作技能都达到一定水平，综合技能素质满足试验检测工作要求。

## 标准条文

### 7.2 理论考核及评价方法

#### 7.2.1 考核内容

理论考核的主要内容包括基本条件、专业知识和操作技能。

**（1）基本条件（占比 15%）**

a）驾驶员身体条件要求；

b）驾驶员证件要求；

c）驾驶员驾驶经历要求；

d）驾驶员生理和心理状态要求。

**（2）专业知识（占比 40%）**

a）安全生产法律法规；

**b）** 试验场管理制度；

**c）** 试验设施与环境条件要求；

**d）** 试验汽车日常检查和维护要求；

**e）** 试验安全防护措施；

**f）** 试验方法与标准。

**（3）** 操作技能（占比 45%）

**a）** 试验汽车准备要求；

**b）** 试验仪器、设备的安装和使用要求；

**c）** 试验汽车驾驶操作要求；

**d）** 试验汽车常见故障及相应的处置方法；

**e）** 试验异常情况及相应的处置方法。

## 条文释义

理论考核就是检验驾驶员对各项应知应会内容的掌握情况，由基本条件、专业知识和操作技能等三方面内容组成，总分 100 分。其一，基本条件包含驾驶员的身体条件、证件、驾驶经历以及生理和心理状态等四方面的要求内容，结合相应级别汽车驾驶员的基本条件和试验驾驶员的特殊要求进行比对评价，作为应知应会的基本内容结果得分占比 15%。其二，专业知识包括安全生产法律法规、试验场管理制度、试验设施与环境条件要求、试验汽车日常检查和维护要求、试验安全防护措施和试验方法与标准等 6 方面的要求内容，这些都是在汽车驾驶员应有的基本理论基础上，结合开展汽车试验相关的作业安全、场地管理、设施环境、车况保持、安全防护、试验技术等方面的一些特殊要求内容，一并进行比对评价，由于汽车试验驾驶是试验质量与安全控制的关键岗位，专业知识十分重要，内容结果得分占比 40%。其三，操作技能包括针对试验汽车准备要求，试验仪器、设备的安装和使用要求，试验汽车驾驶操作要求，试验汽车常见故障及相应的处置方法，以及试验异常情况及相应的处置方法等 5 方面试验过程中的实际操作能力，体现了驾驶员临场处置各类工作与问题的方法、要求的掌控水平，对试验质量与安全工作至关重要，内容结果得分占比 45%。

## 标准条文

### 7.2.2 考核方式

采用纸质试卷答题或电子化试卷答题的方式对驾驶员进行理论考核，题型包括单项选择题、多项选择题和判断题。

## 条文释义

参照机动车驾驶证理论考试的实施方法与考题形式，汽车试验驾驶员理论考试可根据情况采取纸质试卷答题或电子化试卷答题两种方式进行；而为了全面、充分地测评考试人员的综合能力，且便于考试人员答题和考评机构的阅卷、评分，防止出现因考试人员文笔水平、阅卷人员主观评判能力等差异带来的影响，将具体的考核题型分为单项选择题、多项选择题和判断题三类。

## 标准条文

### 7.2.3 考核与评价方法

理论考核分为合格和不合格，满分为 100 分，考核时间为 1 小时。考核成绩 80 分、85 分和 90 分，分别为Ⅲ级、Ⅱ级和Ⅰ级驾驶技能素质理论考核的合格线。具体考核项目和考核内容等理论考核题目示例见附录 A。

## 条文释义

为方便考试人员和考评机构的考试、评价工作，有效提高考核效率，针对申请不同级别驾驶技能的驾驶员合理策划考题内容和占比，将Ⅲ级、Ⅱ级、Ⅰ级驾驶技能素质理论考核试题均设计在同一张试卷中，卷面满分为 100 分。考核时间统一规定为 1 小时，Ⅲ级、Ⅱ级和Ⅰ级驾驶技能素质理论考核的合格线考核成绩分别为 80 分、85 分和 90 分。具体考核项目、考核内容等理论考核题目示例见附录 A 所示。而考卷具体的题型、内容选择则需根据上述原则和 7.2.1 条款规定的各类内容占比进行策划设计。一般来说，对应Ⅲ级驾驶技能的题目总分控制在 80~84 分；对应Ⅱ级驾驶技能的题目总分控制在 85~89 分，其中Ⅱ级驾驶技能特殊要求部分的题目宜控制在 5~9 分；对应Ⅰ级驾驶技能的题目总分为 100 分，其中Ⅰ级驾驶技能特殊要求部分的题目宜控制在 11~15 分。结合附录示例内容举例说明各级别技能素质考题如下所示。

Ⅲ级驾驶技能素质理论考核示例（表 5）：

**表 5 Ⅲ级驾驶技能素质理论考核示例表**

| 考评项目 | 考评示例 | 备注 |
|---|---|---|
| 驾驶员身体条件 | 患有器质性心脏病能驾驶汽车。（**判断**） | 错误 |
| 驾驶员证件要求 | 对于 M1 类汽车的机动汽车定置噪声试验，驾驶员具有____型的驾照可以进行试验。（**多选**）<br><br>A. A1　　B. B1　　C. C1　　D. B2 | ABCD |

Ⅱ级驾驶技能素质理论考核示例（表 6）：

**表 6 Ⅱ级驾驶技能素质理论考核示例表**

| 考评项目 | 考评示例 | 备注 |
|---|---|---|
| 试验汽车日常检查和维护要求 | 试验前应检查汽车是否存在故障报警。（**判断**） | 正确 |
| 安全生产法律法规 | 驾驶机动车应当随身携带哪种证件？（**单选**）<br>A. 工作证　　B. 驾驶证　　C. 身份证　　D. 职业资格证 | B |

Ⅰ级驾驶技能素质理论考核示例（表7）：

表7　Ⅰ级驾驶技能素质理论考核示例表

| 考评项目 | 考评示例 | 备注 |
|---|---|---|
| 爬坡性能试验 | 爬陡坡试验前应查看试验区域内是否有试验无关汽车。（**判断**） | 正确 |
| ABS试验 | 1. 在进行 ABS 附加检查的 120km/h 低附高速项目时，样车在驶入低附路面后驾驶员大力制动，万一发生甩尾或车头偏离时，以下哪种处理方式更为安全？（**单选**）<br><br>A. 立即松开制动踏板、可以缓慢渐进修正方向；<br><br>B. 踩住踏板不放、急速修正方向；<br><br>C. 踩住踏板不放、缓慢修正方向；<br><br>D. 什么都不做 | A |

## 标准条文

### 7.3 实车考核及评价方法

### 7.3.1 考核内容

实车考核内容包括：

（1）考核驾驶员在试验前对汽车技术状况检查评价的意识和能力、遵守场地安全规范和安全文明行车能力。

（2）考核驾驶员在试验中掌握试验规程、正确驾控汽车和合理处置相关问题的技能。

（3）针对专业项目试验分别设置相应的实际环境下驾驶员反应与处置能力考核科目要求。

## 条文释义

实车考核就是检验驾驶员对汽车试验现场各方面实际操作与处置要求的掌

握、表现情况，考核内容包括试验前的准备、试验中的操作和典型场景下的应急处置等3方面的实际能力。其一是观察驾驶员在接到试验任务、进入试验环节，上车前是否能自觉、规范地进行车况检查，发现问题及时有效处理。其二是观察驾驶员在规定的考试道路场景驾驶车辆行车过程中，是否能严格遵守场地安全规范、安全文明行车，是否能认真执行试验规程要求、正确驾控汽车，是否能合理处置行驶过程中遇到的相关问题。其三是针对不同级别驾驶技能要求设置相应的车况、气候、道路等要素方面的典型场景条件，观察驾驶员临场反应与处置情况，是否能满足试验安全与质量控制要求。

## 标准条文

**7.3.2 考核方式**

**采用实际汽车在专用性能试验道路/场地上，由考核教师现场观察的方式对驾驶员进行实车考核。**

## 条文释义

实车考核方式采用在专用场地/道路上，依据考核内容要求研究设定行车线路、构建道路场景条件、明确相关专业操作控制要求，确保能够体现出相应试验项目的考核要点。其中，可靠性行驶试验规范中的各典型路面、弯道、坡道等路面特点和环境特征等应有所体现；常规试验各标准规定的车辆状况感知能力与参数控制精度、异常情况识别与处置能力等应予以覆盖；专业试验各标准或技术文件要求的车辆极限状态的感知与控制能力、机械故障与行驶失控等异常情况的处置能力要有相应的考评。具体实车考核设施条件和要求内容需由考评机构依据标准规定研究编制形成实车考核细则，经相关程序审定后施行。

试验驾驶员按实车考核实施细则规定内容完成车辆驾驶操作，由考核教师现场观察，将驾驶员在整个考核期间驾驶操作的规范性、项目执行的完整性、考点能力的符合性等情况如实填写在规定的记分表上。值得提醒的是，各考评机构应制定有关培训教师、考核教师的岗位职责、任职条件，培训教师、考核教师需熟练掌握本标准、相关技术标准和考评文件的内容与要求，具有丰富的汽车试验驾驶操作经验，能够客观、公正、严谨、准确地开展相关培训与考评工作。

## 标准条文

### 7.3.3 考核与评价方法

实车考核分为合格和不合格，具体实车考核及评价方法示例见附录 B，考核时出现下列情形之一的，视为不合格：

(1) 关键试验操作步骤混乱，不符合操作要求；

(2) 试验参数控制不符合试验规程的技术要求；

(3) 出现影响试验安全的危险驾驶行为（如高速行驶中的非正常变道或紧急制动等）。

## 条文释义

实车考核是对试验驾驶员在规定的各种场景条件下实际驾车操作过程中各种操控意识、动作和实施效果的主观评价。为保证考核评价方便可行、结果真实有效，为各机构汽车试验检测工作的质量与安全把好人员关，实车考核分为合格和不合格，具体实车考核及评价方法示例见附录 B，考核时出现下列情形之一的，视为不合格：

1) 关键试验操作步骤混乱，不符合操作要求——如果考核过程中发现试验驾驶员不能熟练掌握标准规定的试验操作或驾驶水平不达标，在标准或规范明确要求的关键试验环节操作步骤混乱、不规范，将导致试验数据采集不完整、信息内容不正确，造成试验结果不准确、试验质量不达标。

2）试验参数控制不符合试验规程的技术要求——试验驾驶员未严格执行标准规定的试验车辆操作要求、车辆运行参数指标不符合标准规定时就采集数据，将导致试验数据采集不准确、报告结论不可靠引发的试验质量事件。

3）出现影响试验安全的危险驾驶行为（如高速行驶中的非正常变道或紧急制动等）——是指在考核过程中的测试场景下，试验驾驶员存在诸如高速行驶中的非正常变道或紧急制动、制动试验中的非正常急转向、操稳试验中的非正常急打方向、山区违规占道行车，以及其他影响试验安全的危险驾驶行为。这些危险驾驶行为存在安全隐患，不仅会影响正常的试验操作，还可能导致车辆侧滑、倾翻、碰撞等安全事故的发生。

## 2.2.8 关于"8 驾驶员技能级别标识"的释义

本条文为本标准的主要技术内容之一，是在参考机动车驾驶员驾照管理和部分试验场驾驶员安全管理经验做法的基础上，为便于驾驶员技能级别管理而制定的标识方法。

## 标准条文

**8 驾驶员技能级别标识**

**8.1** 以驾驶证准驾车型范围为前提，综合驾驶员实际考核评价结果，最终确定驾驶员准驾车型及其技能级别。

## 条文释义

根据试验驾驶员已获有效驾驶证件规定的准驾车型范围和其申报的试验驾驶员级别，在完成相应的理论考核、实车考核，经过考核结果的综合评价后，按相应的规则合理确定其驾驶证准驾车型及其技能级别。现行有效的机动车驾驶证准驾级别见表8。

目前各检测机构针对汽车及挂车列车开展新产品公告检测、CCC 认证检测、营运车辆达标车型检测及各项委托试验的目标样车基本为各类客车、货车、小型汽车及牵引车，检测业务体量大。而三轮汽车、残疾人专用小型自动挡载客汽车等有特殊的使用管理要求，属于专用载运工具而非道路营运车辆，因此本标准暂不考虑 C4、C5、D、E、F、M、N、P 类车型的驾驶技能级别。

表 8　准驾车型及代号一览表

| 准驾车型 | 代号 | 准驾的车辆 | 准予驾驶的其他准驾车型 |
|---|---|---|---|
| 大型客车 | A1 | 大型载客汽车 | A3、B1、B2、C1、C2、C3、C4、M |
| 重型牵引挂车 | A2 | 总质量大于 4500kg 的汽车列车 | B1、B2、C1、C2、C3、C4、C6、M |
| 城市公交车 | A3 | 核载 10 人以上的城市公共汽车 | C1、C2、C3、C4 |
| 中型客车 | B1 | 中型载客汽车（含核载 10 人以上、19 人以下的城市公共汽车） | C1、C2、C3、C4、M |
| 大型货车 | B2 | 重型、中型载货汽车；重型、中型专项作业车 | |
| 小型汽车 | C1 | 小型、微型载客汽车以及轻型、微型载货汽车；轻型、微型专项作业车 | C2、C3、C4 |
| 小型自动挡汽车 | C2 | 小型、微型自动挡载客汽车以及轻型、微型自动挡载货汽车；轻型、微型自动挡专项作业车；上肢残疾人专用小型自动挡载客汽车 | |
| 低速载货汽车 | C3 | 低速载货汽车 | C4 |
| 三轮汽车 | C4 | 三轮汽车 | |
| 残疾人专用小型自动挡载客汽车 | C5 | 残疾人专用小型、微型自动挡载客汽车（允许上肢、右下肢或者双下肢残疾人驾驶） | |
| 轻型牵引挂车 | C6 | 总质量小于（不包含等于）4500kg 的汽车列车 | |

（续）

| 准驾车型 | 代号 | 准驾的车辆 | 准予驾驶的其他准驾车型 |
|---|---|---|---|
| 普通三轮摩托车 | D | 发动机排量大于 50mL 或者最大设计车速大于 50km/h 的三轮摩托车 | E、F |
| 普通二轮摩托车 | E | 发动机排量大于 50mL 或者最大设计车速大于 50km/h 的二轮摩托车 | F |
| 轻便摩托车 | F | 发动机排量小于或等于 50mL，最大设计车速小于等于 50km/h 的摩托车 | |
| 轮式专用机械车 | M | 轮式专用机械车 | |
| 无轨电车 | N | 无轨电车 | |
| 有轨电车 | P | 有轨电车 | |

## 标准条文

**8.2 驾驶员准驾车型及技能级别配置关系见表 9，如持有 A1 类大客车驾驶证的驾驶员，驾驶员技能级别由低到高为 A1－Ⅲ级、A1－Ⅱ级和 A1－Ⅰ级，其他驾驶证驾驶员依此类推；根据个人或组织需要可降级申请驾驶技能级别的考核，并据实标识。**

表 9　驾驶员准驾车型及技能级别一览表

| 车型 | 准驾车型 | 技能级别 |
|---|---|---|
| C1 | 小型汽车和 C2、C3 | C1－Ⅲ、C1－Ⅱ、C1－Ⅰ |
| B2 | 大型货车和 C1 | B2－Ⅲ、B2－Ⅱ、B2－Ⅰ |
| B1 | 中型客车和 C1 | B1－Ⅲ、B1－Ⅱ、B1－Ⅰ |
| A2 | 牵引车和 B1、B2 | A2－Ⅲ、A2－Ⅱ、A2－Ⅰ |
| A1 | 大型客车和 A3、B1、B2 | A1－Ⅲ、A1－Ⅱ、A1－Ⅰ |

## 条文释义

此条款明确规定对应驾驶员的驾驶证准驾车型，通过综合考核后可由低到高获得试验驾驶员技能级别。驾驶员申请驾驶技能级别时可根据自身条件、工作需要，按照驾驶证管理原则降级申请具体车型和级别，并通过相关考核后予以评定。

值得说明的是，新修订实施的《机动车驾驶证申领和使用规定》（公安部令第 162 号）明确新增准驾车型"轻型牵引挂车"（C6 驾照），允许驾驶小于（不包含等于）4500kg 的汽车列车，2022 年 4 月 1 日新规实施。按新规要求，A2 驾驶资格可覆盖 C6 对应车型。

## 标准条文

**8.3 将不同准驾车型下的技能考评项目按上述要求分类，驾驶技能级别与准驾车型和考核项目对照表见附录 C。**

附 录 C

（资料性）

驾驶技能级别与准驾车型和考核项目对照表

表 C.1 为驾驶技能级别与准驾车型和考核项目对照表。

表 C.1　驾驶技能级别与准驾车型和考核项目对照表

| 代号 | 准驾车型 | 准驾车型种类 | 特征车型参数 | 考核车型（空载） | 技能级别 | 考核项目 |
|---|---|---|---|---|---|---|
| C1 | 小型汽车 | 小型、微型载客汽车；轻型、微型载货汽车；轻型、微型专项作业车 | 长 <6m 且总人数≤9 人的客车；长 <6m 且总质量 <4.5t 的货车 | 推荐 5 座小型汽车 | C1－Ⅲ | Ⅲ级考核内容 |
| | | | | | C1－Ⅱ | Ⅱ级考核内容 |
| | | | | | C1－Ⅰ | Ⅰ级考核内容 |

（续）

| 代号 | 准驾车型 | 准驾车型种类 | 特征车型参数 | 考核车型（空载） | 技能级别 | 考核项目 |
|---|---|---|---|---|---|---|
| B1 | 中型客车 | 中型载客汽车（含核载10人以上、19人以下的城市公共汽车） | 长＜6m 且总人数 10～19 人 | 任选 | B1－Ⅲ | Ⅲ级考核内容 |
| | | | | | B1－Ⅱ | Ⅱ级考核内容 |
| | | | | | B1－Ⅰ | Ⅰ级考核内容 |
| B2 | 大型货车 | 重型、中型载货汽车；重型、中型专项作业车 | 总质量≤31t | 推荐总质量10t左右 | B2－Ⅲ | Ⅲ级考核内容 |
| | | | | | B2－Ⅱ | Ⅱ级考核内容 |
| | | | | | B2－Ⅰ | Ⅰ级考核内容 |
| A2 | 牵引车 | 重型、中型全挂、半挂汽车列车 | 汽车列车 | 推荐半挂汽车列车 | A2－Ⅲ | Ⅲ级考核内容 |
| | | | | | A2－Ⅱ | Ⅱ级考核内容 |
| | | | | | A2－Ⅰ | Ⅰ级考核内容 |
| A1 | 大型客车 | 大型载客汽车 | 长≥6m 或总人数≥20 人 | 推荐12m左右 | A1－Ⅲ | Ⅲ级考核内容 |
| | | | | | A1－Ⅱ | Ⅱ级考核内容 |
| | | | | | A1－Ⅰ | Ⅰ级考核内容 |

注：准驾车型、种类及特征车型参数依据 GA 802—2019 的要求。

## 条文释义

各考评机构应依照标准规定的技能考核要求制定具体的驾驶技能考核大纲，拥有型号适用、状态良好的考试用车辆，选定并维护好各类规格齐全、条件达标，且合理配置各类规范性交通标志标线的考核用场地设施。GA 802—2019《道路交通管理　机动车类型》是中华人民共和国公共安全行业标准，规定了机动车类型的规格和结构分类、机动车使用性质分类，以及车辆类型的确定要求，适用于道路交通管理。

**标准条文**

**8.4 驾驶员技能级别标识示例见附录 D。**

附 录 D

（资料性）

驾驶员技能级别标识示例

**D.1 驾驶员技能级别标识式样**

**D.1.1 证件式样**

证件为聚酯薄膜密封单页卡片。

**D.1.2 证件图样**

证件正面、背面图样示例见图 D.1。

图 D.1　证件图样示例

**D.1.3 标识规格**

**D.1.3.1 单页卡片规格**

长度为 88mm ±0.5mm，宽度为 60mm ±0.5mm，圆角半径为 4mm ±0.1mm。

**D.1.3.2 证件塑封后规格**

长度为 95mm ±0.5mm，宽度为 66mm ±0.5mm，圆角半径为 4mm ±0.1mm。

D. 1. 3. 3 驾驶员技能素质级别标识颜色

卡片基本颜色为绿色（CMYK：C40 M4 Y51 K0）。

D. 2 印刷要求

D. 2. 1 文字

文字使用的汉字为国务院公布的简化字。

D. 2. 2 印刷字体和颜色

D. 2. 2. 1 正面

D. 2. 2. 1. 1 "汽车试验驾驶员证" 字体为 12P 黑体，位置居中，颜色为黑色。

D. 2. 2. 1. 2 "证号" 字体为 9P 黑体，颜色为红色。

D. 2. 2. 1. 3 "姓名" "性别" "国籍" "技能级别" "检测机构名称" 和 "初次领证日期" 等其他文字为 7. 5P 宋体，颜色为黑色。

D. 2. 2. 1. 4 英文 "License of Motor Vehicles Test Drivers" 字体为 7P 罗马字体，位置居中，颜色为黑色。

D. 2. 2. 1. 5 其他英文的字体为 6P 罗马字体，颜色为黑色。

D. 2. 2. 1. 6 证件签发单位的颜色为红色，宜选择荧光防伪油墨印刷。

D. 2. 2. 2 背面

"可开展汽车试验项目" 字体为 10. 5P 黑体，颜色为黑色。

D. 3 签注要求

D. 3. 1 证件编号

汽车试验驾驶员证件编号（证号）由 "所在机构实验室认可证书注册号" 和 "所在机构驾驶员编号（三位数字）" 组成。"所在机构实验室认可证书注册号" 由发证单位规定。

示例：CNASLXXXX – 001。

D. 3. 2 签注字体要求

签注内容打印字体为宋体，打印颜色为黑色。其中，"技能级别""姓名""性别"栏签注内容的字号为 15P；其他栏签注内容的字号为 9P。

**D.3.3 相片要求**

**D.3.3.1** 相片为持证者本人近期的免冠彩色正面相片（校正视力者须戴眼镜），白色背景，规格为 32mm×22mm（1 寸相片），人头部约占相片长度的三分之二，分辨率为 300dpi。

**D.3.3.2** 相片可采用粘贴或数码打印方式。

## 条文释义

为方便实际应用管理和行业推广，采取统一标识的管理模式，向试验驾驶员发放统一规格与内容要求的汽车试验驾驶员技能级别标识。参照现行有效的机动车驾驶证标识式样，依据汽车试验驾驶员考核评价技能级别明确了汽车试验驾驶员证的标识规格、颜色、印刷要求及签注要求等要求：

1）为增强标识辨识及便携性，明确证件为绿色（CMYK：C40 M4 Y51 K0）聚酯薄膜密封单页卡片，长宽高尺寸与现行有效的机动车驾驶证一致。

2）明确证件正面印刷字体及颜色："汽车试验驾驶员证"字体为 12P 黑体，位置居中，颜色为黑色；"证号"字体为 9P 黑体，颜色为红色；"姓名""性别""国籍""技能级别""检测机构名称"和"初次领证日期"等字体为 7.5P 宋体，颜色为黑色；英文"License of Motor Vehicles Test Drivers"字体为 7P 罗马字体，位置居中，颜色为黑色；其他英文的字体为 6P 罗马字体，颜色为黑色；证件签发单位的颜色为红色，宜选择荧光防伪油墨印刷。

3）明确证件背面字样："可开展汽车试验项目"字体为 10.5P 黑体，颜色为黑色。

4）明确证件签注要求：汽车试验驾驶员证编号（证号）由"所在机构实验室认可证书注册号"和"所在机构驾驶员编号（三位数字）"组成，"所在机构实验室认可证书注册号"由发证单位规定。

5）明确证件签注字体要求：签注内容打印字体为宋体，打印颜色为黑色，其中"技能级别""姓名"和"性别"栏签注内容的字号为 15P；其他栏签注内容的字号为 9P。

6）明确证件相片要求：相片要求为持证者本人近期的免冠彩色正面相片（校正视力者须戴眼镜），白色背景，规格为 32mm×22mm（1 寸相片），人头部约占相片长度的三分之二，分辨率为 300dpi；相片可采用粘贴或数码打印。

值得注意的是，目前公安交管正在推行机动车电子驾驶证。电子驾驶证俗称"电子驾照"，自 2021 年 6 月 1 日起，在天津、成都、苏州 3 个城市试点机动车驾驶证电子化，为驾驶人提供在线"亮证""亮码"服务，更好便利群众办事出行，2021 年 12 月在全国全面推广，2022 年 4 月，全国累计发放电子驾驶证 1.1 亿个。电子驾驶证具有统一性、实时性、安全性 3 个"特点"，实现了为驾驶员提供申领、出示、使用的 3 个"便利"。电子驾驶证由驾驶证基本信息、二维码内嵌信息、电子证生成时间 3 部分组成。

## 2.2.9 关于"9 驾驶员技能的确认与保持"的释义

本条文为本标准的主要技术内容之一，是为了确保汽车试验驾驶员技能素质持续稳定或稳中有升，在借鉴营运驾驶员安全管理经验基础上提出的汽车试验驾驶员技能素质确认与保持管理规定，包括了年度确认评价、在职教育培训、档案管理及信息查询等方面的具体要求。

**标准条文**

**9 驾驶员技能的确认与保持**

**9.1 应采取适当的方法对驾驶员技能素质进行年度确认评价。**

## 条文释义

多年经验表明，对于已通过考核评价获得相应技能级别的驾驶员，其试验驾驶技能水平的保持与提升工作始终是认真履职、确保试验质量与安全的关键。从目前行业实际来看，一方面，汽车新技术应用发展节奏加快，试验测试的新项目、新标准、新要求变化较大，需要试验驾驶员及时的通过学习培训提升技能；另一方面，随着汽车企业和检测机构的不断发展，汽车试验驾驶员从业流动性也越来越大、整体上缺乏稳定性。为了保证检测机构试验能力持续有效，定期开展试验驾驶员在职教育培训、资格确认和重点培养十分必要。因此，让试验驾驶员了解掌握更加丰富、全面、有效的理论知识与试验驾驶技术，并对从事汽车道路性能检验检测的驾驶员使用适当的方法开展年度能力确认，以确保驾驶员技能素质持续的适宜性、充分性和有效性。针对汽车试验驾驶员能力培训、确认评价都需要保留全部记录。该项工作可与各机构相关的人员考核分配管理政策相结合，能够激发大家学习提高的积极性、主动性。

## 标准条文

**9.2 应对驾驶员进行职业道德素质、汽车专业及驾驶的新技术和新要求等方面的在职培训教育，保存记录。**

## 条文释义

随着智能网联、新能源等汽车新技术的普及，对汽车试验驾驶员的要求会进一步提升，这就需要对现有汽车试验驾驶员进行职业道德素质、汽车及驾驶新技术的再教育，内容可包括行业相关政策法规，社会责任与职业道德，职业心理和生理健康，汽车及驾驶新技术知识，试验及行车过程的危险源辨识，预见性驾驶方法和不安全驾驶习惯纠正，紧急情况及应急处置等。继续教育的确认可采取考核或学时认定等方式。

## 标准条文

**9.3 应建立驾驶员档案，内容应包括驾驶员基本信息、驾驶技能等级、能力确认、在职教育、不良记录和信誉考核等，并畅通信息查询渠道。**

## 条文释义

为提升汽车试验驾驶员考核评价事中事后管理能力，形成统一管理模式，应建立各试验检测机构、教育培训机构的信用管理数据库与统一的驾驶员档案，规范教学与考核评价行为，完善监督管理。同时为消除伪造证件等由人为因素产生的外部风险，以保证汽车试验的安全与质量，应使用技术手段畅通信息查询渠道，在信息安全保密前提下方便相关机构或部门对试验驾驶员档案信息的查询和使用。

## 2.2.10　关于"附录"的释义

附录 A 给出了汽车试验驾驶员技能素质理论考核及评价方法示例，以单项选择、多项选择和判断三种问答形式列举了汽车试验驾驶员应具备的基本条件、专业知识和操作技能等三方面的理论考核及评价内容。其中，基础条件主要列举了身体条件、证件要求、驾驶经历、生理心理状态要求等；专业知识主要列举了试验汽车日常检查和维护要求、试验场管理制度、试验环境、安全生产法律法规、试验安全防护措施等；操作技能主要列举了动力性试验、经济性试验、制动性能试验、舒适性试验、操纵稳定性试验、噪声试验、通过性试验、可靠性试验、ABS 试验和其他试验（包括滑行、热平衡、起动、牵引、限速装置、空调制冷系统等试验）等。

附录 B 给出了汽车试验驾驶员可靠性行驶试验驾驶技能（Ⅲ级）、常规试验驾驶技能（Ⅱ级）、专业试验驾驶技能（Ⅰ级）3 种级别的实车考核及评价方法示例，其中可靠性行驶试验驾驶技能（Ⅲ级）主要列举了上车前检查、坐姿、方向盘握姿、驾驶过程中根据路面选择适合挡位和车速操作熟练性等、安全意识、试验场内驾驶规范性、记录规范性及反向识别及预判等可靠性试验驾驶操作考核内容；常规试验驾驶技能（Ⅱ级）主要列举了动力性、经济性、制动性、舒适性、通过性、噪声等常规试验驾驶操作考核内容；专业试验驾驶员（Ⅰ级）主要列举了动力性、操纵稳定性以及其他实车考核试验的专业试验驾驶操作考核内容。附录 A 和附录 B 可供未来汽车试验驾驶员培训、考核、监督等部门机构编制题库以及考核大纲，明确考核评价方法等提供参考，把握题目难易程度。

附录 C 给出了汽车试验驾驶员驾驶技能级别与准驾车型和考核项目对照表，对驾驶员开展不同技能级别考核所使用的车型种类以及特征参数需依据 GA 802—2019《道路交通管理 机动车类型》要求进行明确，并给出了对应的推荐考核车型供汽车试验驾驶员考核机构参考。

附录 D 给出了汽车试验驾驶员技能级别标识示例，展示了汽车试验驾驶员正面和背面信息示意图，正面信息体现了证书号、姓名、技能级别、初次领证、签发单位等信息，背面体现了持证者可以开展的汽车试验项目，其中汽车试验驾驶员证编号由所在机构实验室认可证书注册号和所在机构编号组成，体现了汽车试验驾驶员技能级别与汽车检验检测试验室认可的支撑关系。

## 附 录 A

（资料性）

### 驾驶员技能素质理论考核及评价方法示例

表 A.1 给出了驾驶员技能素质理论考核及评价方法示例。

## 表 A.1　驾驶员技能素质理论考核及评价方法示例

| 考评项目 | | 考评示例 | 备注 |
|---|---|---|---|
| 基本条件 | | | |
| 基本条件 | 驾驶员身体条件要求 | 1. 患有器质性心脏病能驾驶汽车。（判断） | 错误 |
| | | 2. 患有眩晕症能驾驶汽车。（判断） | 错误 |
| | | 3. 下列＿＿＿人员不宜担任驾驶员。（多选）<br>A. 视力、辨色力、听力、肢体运动功能等身体条件不符合相应要求的；<br>B. 有妨碍行车安全的疾病；<br>C. 有服用依赖性精神药品的情形 | ABC |
| | 驾驶员证件要求 | 1. 驾驶员持有 A1 证能驾驶 M1 型汽车。（判断） | 正确 |
| | | 2. B2 驾照能驾驶中型载客汽车进行相关试验。（判断） | 错误 |
| | | 3. 对于 M1 类汽车的机动汽车定置噪声试验，驾驶员具有＿＿＿型的驾照可以进行试验。（多选）<br>A. A1　B. B1　C. C1　D. B2 | ABCD |
| | 驾驶员驾驶经历要求 | 1. 驾驶员驾龄 3 年，能驾驶试验汽车。（判断） | 正确 |
| | | 2. 驾驶员 3 个月内无较大及以上交通责任事故和严重交通违法记录即可上岗进行相关试验工作。（判断） | 错误 |
| | | 3. 应持有合法有效、与所驾驶试验汽车车型相符的机动车驾驶证，且驾龄应不少于＿＿＿内无较大及以上交通责任事故，且每个记分周期未扣满 12 分。（单选）<br>A. 3 年、36 个月　B. 4 年、48 个月　C. 2 年、24 个月 | A |
| | 驾驶员生理、心理状态要求 | 1. 饮酒后能驾驶机动车。（判断） | 错误 |
| | | 2. 饮用浓茶后能驾驶机动车。（判断） | 正确 |
| | | 3. 选择题：驾驶员生理异常不包括＿＿＿。（单选）<br>A. 疲劳　B. 药物不良反应态　C. 极度高兴　D. 酒后反应 | C |
| 专业知识 | | | |
| 专业知识 | 试验汽车日常检查和维护要求 | 1. 试验前应检查汽车机油是否充足。（判断） | 正确 |
| | | 2. 试验前应检查汽车是否存在故障报警。（判断） | 正确 |
| | | 3. 发动机舱的日常检查与维护项目有＿＿＿。（单选）<br>A. 发动机温度　　　　　　　B. 点火正时<br>C. 机油、冷却液、制动液量　　D. 发动机有无异响 | C |
| | 试验场管理制度、试验环境 | 1. 在试验场内进行汽车试验前应提前预约场地。（判断） | 正确 |
| | | 2. 在高速环道行车时能随意变道。（判断） | 错误 |
| | | 3. 驾驶员需要了解试验场管理制度。（判断） | 正确 |

（续）

| 考评项目 | | 考评示例 | 备注 |
|---|---|---|---|
| 专业知识 | | | |
| 专业知识 | 安全生产法律法规 | 1. 汽车变道前应提前打开转向灯。（判断） | 正确 |
| | | 2. 在市区夜间行车应打开远光灯。（判断） | 错误 |
| | | 3. 驾驶机动车应当随身携带____证件？（单选）<br>A. 工作证　B. 驾驶证　C. 身份证　D. 职业资格证 | B |
| | 试验安全防护措施 | 1. 厢式运输车装载后，应关紧车厢门，防止装载物掉落。（判断） | 正确 |
| | | 2. 试验行驶过程中，驾驶员和其他乘员应随时系好安全带。（判断） | 正确 |
| 操作技能 | | | |
| 动力性试验 | 最低稳定车速试验 | 1. 试验前应检查制动盘是否有裂痕。（判断） | 正确 |
| | | 2. 最低稳定车速试验条件要求最高风速为____m/s。（单选）<br>A. 2　　B. 3　　C. 4　　D. 5 | B |
| | 加速性能试验 | 1. 试验前应检查汽车轮胎是否过度磨损。（判断） | 正确 |
| | | 2. 加速性能试验条件要求最高温度为____℃。（单选）<br>A. 20　B. 30　C. 40　D. 50 | C |
| | 最高车速试验 | 1. 最高车速试验中试验人员必须系安全带。（判断） | 正确 |
| | | 2. 最高车速试验条件要求最大横向坡度为____%。（单选）<br>A. 2　　B. 3　　C. 4　　D. 5 | B |
| | 爬坡性能试验 | 1. 爬陡坡试验前应查看试验区域内是否有试验无关汽车。（判断） | 正确 |
| | | 2. 爬坡性能试验条件坡度长度不小于____m。（单选）<br>A. 15　B. 20　C. 25　D. 30 | C |
| | 电动汽车动力性能试验 | 1. 试验汽车状态检查要求____。（多选）<br>A. 轮胎气压　　B. 试验载荷<br>C. 充电量状态　　D. 行驶300km以上 | ABCD |
| | | 2. 每一项试验前是否需要记录动力电池荷电状态。（判断） | 正确 |
| | 混合动力电动汽车动力性能试验 | 1. 每项试验前是否确定汽车动力模式。（判断） | 正确 |
| | | 2. 试验汽车状态检查要求有____。（多选）<br>A. 轮胎气压　　B. 试验载荷<br>C. 充电量状态　　D. 行驶300km以上 | ABCD |
| 经济性试验 | 乘用车燃料消耗量试验 | 1. 乘用车燃料消耗量试验气温要求一般为：5~35℃。（判断） | 正确 |
| | | 2. 乘用车等速行驶燃料消耗量试验既可以在测功机上进行，也可以在道路上进行。（判断） | 正确 |

（续）

| 考评项目 | | 考评示例 | 备注 |
|---|---|---|---|
| 操作技能 | | | |
| 经济性试验 | 商用车燃料消耗量试验 | 1. 试验行驶过程中，驾驶员和其他乘员应随时系好安全带。（判断） | 正确 |
| | | 2. 试验前，试验汽车必须进行试验预热。（判断） | 正确 |
| | 轻型汽车燃料消耗量试验 | 1. 试验前应检查试验样车制动性能。（判断） | 正确 |
| | | 2. 试验样车油耗值偏低，可能是由于尾气收集装置未安装到位导致尾气泄漏。（判断） | 正确 |
| | 营运客车燃料消耗量试验 | 1. 试验前应检查试验样车转向性能。（判断） | 正确 |
| | | 2. 进行等速行驶工况试验发现最高挡无法满足试验车速时，应采用次高挡。（判断） | 正确 |
| | 营运货车燃料消耗量试验 | 1. 在试验道路上进行试验时，在高速车道还是低速车道上行驶主要看有没有其他汽车在占用。（判断） | 错误 |
| | | 2. 油耗试验对风速要求是不大于 3m/s。（判断） | 正确 |
| | 压缩天然气汽车燃料消耗量试验 | 1. 驾驶员应按驾驶证载明的准驾车型驾驶汽车。（判断） | 正确 |
| | | 2. 流量计及附件是否合理布置会影响到试验结果。（判断） | 正确 |
| 制动性能试验 | 商用汽车和挂车制动系统要求 | 1. 在特定场所的检测试验，驾驶员不需要具备与准驾驶车型相符的机动车驾驶证，只需要该场所颁发的驾驶培训合格证即可。（判断） | 错误 |
| | | 2. 试验气象条件要求为____。（单选）<br>A. 风速 <5m/s，温度 ≤35℃<br>B. 风速 <3m/s，温度 ≤35℃<br>C. 风速 <5m/s，温度 ≤40℃<br>D. 风速 <3m/s，温度 ≤40℃ | A |
| | 乘用车制动系统要求 | 1. 所谓制动跑偏就是汽车制动时汽车自动偏向一侧行驶的现象（判断） | 正确 |
| | | 2. 某乘用车最高设计车速为 200km/h，在进行 0-型试验时，要求制动初速度为 100km/h，下面实际制动初速度为____时是不符合要求的。（单选）<br>A. 97.2km/h　　B. 98.2km/h<br>C. 99.2km/h　　D. 100.2km/h | A |
| 舒适性试验 | 行驶平顺性试验 | 1. 某驾驶员对汽车长时间反复通过减速带或凸块时，容易产生身体的不适应性，则其一定可以进行汽车行驶平顺性试验。（判断） | 错误 |
| | | 2. 某驾驶员的驾驶技术能力很强，但是其驾龄只有 1 年，则他不能进行汽车平顺性试验。（判断） | 正确 |

（续）

| 考评项目 | | 考评示例 | 备注 |
|---|---|---|---|
| | | 操作技能 | |
| 操纵稳定性试验 | 汽车操纵稳定性试验 | 1. 某驾驶员在汽车长时间连续转圈时容易产生头晕等现象，其一定可以进行汽车稳态回转试验。（判断） | 错误 |
| | | 2. 当进行大型客车的蛇行试验时，驾驶员的准驾车型代号是。（单选）<br><br>A. A1　　B. A2　　C. A3　　D. B1 | A |
| | 营运客车行驶稳定性试验 | 1. 某驾驶员有轻微的红绿色盲，则其不能进行客车行驶稳定性试验。（判断） | 正确 |
| | | 2. 进行营运客车抗侧翻稳定性试验时，仪器设备中显示 acl 表示物理量____。（单选）<br><br>A. 速度　　B. 角速度　　C. 侧向加速度　　D. 转角 | C |
| 噪声试验 | 加速行驶车外噪声试验 | 1. 没有经过培训的驾驶员可以直接做加速行驶车外噪声试验。（判断） | 错误 |
| | | 2. 对于大型客车的加速行驶车外噪声试验，需要驾驶员具有____型的驾照。（单选）<br><br>A. A1　　B. B1　　C. C1　　D. B2 | A |
| | 汽车车内噪声试验 | 1. 经过培训的驾驶员可以做汽车车内噪声试验。（判断） | 正确 |
| | | 2. 对于 M1 类汽车的车内噪声试验，驾驶员具有____型的驾照可以进行试验。（多选）<br><br>A. A1　　B. B1　　C. C1　　D. B2 | ABCD |
| | 机动汽车定置噪声试验 | 1. 在做机动汽车定置噪声试验前，驾驶员不需要了解场地的管理制度。（判断） | 错误 |
| | | 2. 对于 M1 类汽车的机动汽车定置噪声试验，驾驶员具有____型的驾照可以进行试验。（多选）<br><br>A. A1　　B. B1　　C. C1　　D. B2 | ABCD |
| | 机动车用喇叭的性能要求试验 | 1. 空气喇叭检查有没有气压，管路是否漏气，有就维修。（判断） | 正确 |
| | | 2. 听力：两耳分别距音叉（　　）能辨别声源方向。有听力障碍但佩戴助听设备能够达到以上条件的，可以申请小型汽车、小型自动挡汽车准驾车型的机动车驾驶证（单选）<br><br>A. 50cm　　B. 60cm　　C. 70cm | A |
| 通过性试验 | 地形通过性 | 1. 驾驶员需要会使用简单的环境参数测量仪器。（判断） | 正确 |
| | | 2. 试验要通过____种典型地形。（单选）<br><br>A. 4　　B. 5　　C. 6　　D. 7 | C |

（续）

| 考评项目 | | 考评示例 | 备注 |
|---|---|---|---|
| | | 操作技能 | |
| 可靠性试验 | | 1. 进行可靠性试验的驾驶员，安全驾驶时间长较合适。（判断） | 正确 |
| | | 2. 试验前应检查____。（多选）<br><br>A. 机油　B. 冷却液　C. 轮胎气压　D. 香烟 | ABC |
| ABS 试验 | | 1. 在进行 ABS 附加检查的 120km/h 低附高速项目时，样车在驶入低附路面后驾驶员大力制动，万一发生甩尾或车头偏离时，以下____处理方式更为安全。（单选）<br><br>　A. 立即松开制动踏板、可以缓慢渐进修正方向；<br><br>　B. 踩住踏板不放、急速修正方向；<br><br>　C. 踩住踏板不放、缓慢修正方向；<br><br>　D. 什么都不做 | A |
| | | 2. 附着系数利用率的测试中，测试前轴（或后轴）的路面附着系数时，自动调整制动间隙的样车，它总是发生特定的轮异常提前抱死或者空满载状态下测试结果相差过于悬殊，最好的解决办法是____。（单选）<br><br>A. 按标准再磨合　　　B. 驾驶员休息一下稳定情绪<br><br>C. 重新调整制动间隙　D. 样车车轮对换 | A |
| 其他试验 | 滑行性能（滑行距离、滑行阻力）试验 | 滑行试验大气温度要求为 10～40℃。（判断） | 错误 |
| | 热平衡能力试验 | 试验过程试验样车时应该配备灭火器。（判断） | 正确 |
| | 起动性能试验 | 暖机试验需要____。（单选）<br><br>A. 5～10min　　B. 10～20min<br><br>C. 15～25min　　D. 20～30min | B |
| | 牵引性能试验 | 最大脱钩牵引力节气门全开时车速要求为____。（单选）<br><br>A. 最高车速　　　　　B. 90% 最高车速<br><br>C. 80% 最高车速　　　D. 怠速 | C |
| | 限速装置装车特性试验 | 道路试验过程中，开始踩加速踏板到底，进行加速，踩加速踏板操作至少持续 30s，直到车速稳定。（判断） | 正确 |
| | 汽车空调制冷系统性能 | 空调制冷系统变工况降温性能试验工况应包括____。（多选）<br><br>A. 起步　B. 加速　C. 换挡　D. 制动　E. 减速　F. 停车　G. 怠速 | ABCDEFG |

附　录　B

（资料性）

驾驶员技能素质实车考核及评价方法示例

**B.1** 表 B.1～表 B.3 给出了 3 种级别汽车试验驾驶员技能素质实车考核及评价方法示例。

**B.2** 可靠性行驶试验驾驶技能（Ⅲ级）实车考核及评价方法示例见表 B.1。

表 B.1　可靠性行驶试验驾驶技能（Ⅲ级）实车考核及评价方法示例

| 驾驶技能级别 | 考核方法 | 考核内容 |
|---|---|---|
| 可靠性行驶试验驾驶技能（Ⅲ级） | 驾驶员选择与自己驾驶能力对应的汽车，按照规定的行车路线和要求在试验场内强化道路行驶<br><br>随车考评员对驾驶员可靠性行驶试验过程中各种操作的驾驶技能进行评价 | 驾驶员上车前检查，包括轮胎、汽车外观等 |
| | | 驾驶员是否保持正确坐姿，手距离方向盘、变速杆及相关操纵件，脚距离合器、油门/加速踏板、制动踏板距离是否自然、合适，安全带是否系好 |
| | | 方向盘握姿是否正确和方向盘操作是否规范 |
| | | 各路面（包括高速跑道、普通公路、可靠性路、典型山区公路、试验坡道等）车速及挡位选择：根据各路面特点选择合适挡位及车速 |
| | | 各踏板及挡位综合运用：行驶过程中无熄火、无顿挫、无异常抖动等现象 |
| | | 汽车起动及行驶时，离合器、油门/加速踏板、变速杆动作规范性、协调性的熟练程度 |
| | | 转向时驾驶员路感、车速控制及乘员舒适性 |
| | | 驾驶员对路面的判断力，行驶时对路面的选择 |
| | | 驾驶员车感，包括车轮位置的判断，直线行驶 |
| | | 整体协调性是否自然流畅 |
| | | 汽车行驶时与路沿或其他汽车安全距离的保持 |
| | | 对预设汽车技术故障或安全风险能否及时感知，并妥善处置、准确描述、及时记录 |
| | | 遵守场内规范：无违反指示标志及违章的驾驶行为 |
| | | 停车入库 |
| | | 收车检查 |

## B. 3　常规试验驾驶技能（Ⅱ级）实车考核及评价方法示例

常规试验驾驶技能（Ⅱ级）实车考核及评价方法示例见表 B. 2。

**表 B. 2　常规试验驾驶技能（Ⅱ级）实车考核及评价方法示例**

| 驾驶技能级别 | 实车试验项目 | 考核方法 | 考核内容 | 备注 |
|---|---|---|---|---|
| 常规试验驾驶技能（Ⅱ级） | 动力性实车考核 | 全油门起步加速性能试验 | 驾驶员选择与驾驶能力对应车型，对应车型（MT）按照 GB/T 12543—2009《汽车加速性能试验方法》完成全油门起步加速性能试验 | 1. 换挡时机<br>2. 离合器使用 | |
| | | 最高车速（小于165km/h）试验 | 1. 依据 GB/T 12544—2012《汽车最高车速试验方法》<br>2. 驾驶员选择与驾驶能力对应车型<br>3. 按环形道路上的最高车速要求进行驾驶操作，完成两次环形道路上最高车速试验 | 1. 挡位使用正确，能够发挥出最高车速状态<br>2. 发动机全速全负荷<br>3. 试验期间不对方向盘施加任何动作以修正行驶方向<br>4. 两次操作方法一致 | |
| | | 爬陡坡（小于40%）试验 | 1. 驾驶员选择与驾驶能力对应车型完成爬陡坡试验<br>2. 使用最低挡，如有副变速器也置于最低挡，将试验车停于接近坡道的平直路段上<br>3. 起步后，将油门全开进行爬坡 | 1. 三踏板及挡位综合运用：选择合适挡位<br>2. 三踏板及驻车制动操纵合理，顺利起步 | |
| | 经济性实车考核 | 营运汽车燃料消耗量检测试验 | 驾驶员根据自己驾驶能力对应选择汽车进行实车考核，按照 JT/T 711—2016《营运客车燃料消耗量限值及测量方法》或 JT/T 719—2016《营运货车燃料消耗量限值及测量方法》中 60km/h 速度点试验完成驾驶操作，具体操作内容如下： | 1. 驾驶员正确使用挡位<br>2. 每次试验的平均速度与规定速度之差控制<br>3. 试验过程中瞬时速度与规定速度之差控制<br>4. 所得试验数据平稳有效 | 1. 每次试验的平均速度与规定速度之差不应超过 ±1km/h<br>2. 试验过程中瞬时速度与规定速度之差不应超过 ±2km/h |

（续）

| 驾驶技能级别 | 实车试验项目 | 考核方法 | 考核内容 | 备注 |
|---|---|---|---|---|
| 常规试验驾驶技能（Ⅱ级） | 经济性实车考核 营运汽车燃料消耗量检测试验 | 1. 起动汽车,加速至 60km/h 手动变速器汽车应置于最高挡或次高挡,当最高挡不能满足试验车速需求时需采用次高挡自动变速器汽车应置于 D 位<br>2. 在 60km/h 车速下保持平稳行驶至少 100m 后,等速通过 500m 的考核路段<br>3. 在考核路段上往返测量各两次,共测量 4 次 | 踏板力偏差 | 踏 板 力 偏 差:±10% |
| | 制动性实车考核 紧急制动 | 驾驶员根据自己驾驶能力对应选择汽车按照《机动车运行安全技术条件》标准 GB 7258—2017《机动车运行安全技术条件》标准相关要求完成紧急制动实车考核（试验车速:3.5t 以下轻型车按 50km/h、其他车型按 30km/h） | | |
| | 舒适性实车考核 平顺性随机输入试验 | 驾驶员按照自己驾驶能力对应选择汽车完成平顺性随机输入试验 | 1. 速度偏差<br>2. 驾驶员坐姿 | 1. 速度偏差:±4%<br>2. 双手自然地置于方向盘上、自然地靠在靠背上,在试验过程中保持坐姿不变 |
| | 通过性实车考核 汽车地形通过性试验 | 驾驶员按照自己驾驶能力对应选择汽车完成汽车通过性试验 | 1. 按要求有效完成试验驾驶任务<br>2. 最小离地间隙测量位置选择 | 需为最小离地间隙位置 |

（续）

| 驾驶技能级别 | 实车试验项目 | 考核方法 | 考核内容 | 备注 |
|---|---|---|---|---|
| 常规试验驾驶员技能（Ⅱ级）噪声试验实车考核 | 汽车加速行驶车外噪声试验 | 驾驶员按照自己驾驶能力对应选择汽车加速完成汽车加速行驶车外噪声试验，以N1类发动机功率不大于225kW配备5挡手动变速器汽车为例进行实操，试验操作具体内容如下：<br>1. 使汽车以2挡行驶，记录发动机转速达到3/4额定转速时汽车的车速，如果3/4额定转速下车速小于50km/h，则后续2挡试验时以3/4额定转速进线；否则以50km/h进线<br>2. 使汽车以3挡行驶，记录发动机转速达到3/4额定转速时汽车的车速，如果3/4额定转速下车速小于50km/h，则后续3挡试验时以3/4额定转速进线；否则以50km/h进线<br>3. 使汽车以2挡行驶，以第1步确定的发动机转速或者汽车速度行驶，待汽车前端达到AA'线时，快速将加速踏板踩到底部测试区；待汽车尾部端通过地中心线CC'直线或通过BB'线时，迅速松开加速踏板，如果通过5%额定转速时发动机的发动机转速，则以5%额定转速步长降低人线时的发动机额定转速，直到通过BB'线时发动机额定转速，此时声压级为2挡测量结果<br>4. 使汽车以3挡行驶，以第2步确定的发动机转速或者汽车速度行驶，待汽车前端达到AA'线时，快速将加速踏板踩到底部测试区；待汽车沿场地中心线CC'直线或通过BB'线时，迅速松开加速踏板<br>5. 测量时同时记录两侧声压级，每挡每侧至少测量4次；同侧噪声4次测量结果相差不大于2dB（A），则结果有效；日背景噪声至少比被测汽车噪声低10dB（A）是有效 | 1. 接近AA'线的速度变化控制<br>2. 发动机转速变化控制<br>3. 汽车加速通过测试区域时，应尽量使汽车纵向中心平面与测试场地中心重合<br>4. 驾驶员规范操作保证测量结果有效 | 1. 接近AA'线的速度变化控制在±1km/h<br>2. 发动机转速变化控制在±2%或±50r/min之内（取两者较大值） |

59

**B.4 专业试验驾驶技能（Ⅰ级）实车考核及评价方法示例**

专业试验驾驶技能（Ⅰ级）实车考核及评价方法示例见表 B.3。

表 B.3 专业试验驾驶技能（Ⅰ级）实车考核及评价方法示例

| 驾驶技能级别 | 实车试验项目 | | 考核方法 | 考核内容 | 备注 |
|---|---|---|---|---|---|
| 专业试验驾驶技能（Ⅰ级） | 动力性实车考核 | 最高车速（大于或等于165km/h）试验 | 1. 驾驶员选择与驾驶能力对应车型完成最高车速试验<br>2. 依据 GB/T 12544—2012《汽车最高车速试验方法》<br>3. 驾驶员选择与驾驶能力对应手动挡车型<br>4. 按环形道路上的最高车速要求进行驾驶操作，完成两次环形道路上最高车速试验 | 1. 挡位使用正确，能够发挥出最高车速<br>2. 发动机全速全负荷<br>3. 试验期间不对方向盘施加任何动作以修正行驶方向<br>4. 两次操作方法一致 | |
| | | 爬陡坡（大于或等于40%）试验 | 1. 驾驶员选择与驾驶能力对应车型完成爬陡坡试验<br>2. 使用最低挡，如有副变速器也置为最低挡，将试验车停于接近坡道的平直路段上；起步后，将加速踏板踩到底（油门全开）进行爬坡 | 1. 三踏板及挡位综合运用<br>2. 选择合适油挡位<br>3. 三踏板及驻车制动操纵合理、顺利起步 | |
| | 操纵稳定性实车考核 | 蛇行试验 | 驾驶员按照自己驾驶能力对应选择汽车完成蛇行试验 | 1. 速度偏差<br>2. 角度连续性<br>3. 碰桩 | 1. 速度偏差：±3km/h<br>2. 角度顿地转动方向盘，不应不停地转动双手或同时松开双手或将来回转动方向盘修正行驶方向<br>3. 碰桩：不应碰倒标桩 |
| | | 转向轻便性实操 | 驾驶员按照自己驾驶能力对应选择汽车完成转向轻便性试验 | 1. 速度偏差<br>2. 角度连续性<br>3. 碰桩 | 1. 速度偏差：±2km/h<br>2. 角度顿地转动方向盘，不应不停地松开双手或转动方向盘修正行驶方向<br>3. 碰桩：不应碰倒标桩 |

（续）

| 驾驶技能级别 | 实车试验项目 | 考核方法 | 考核内容 | 备注 |
|---|---|---|---|---|
| 专业试验驾驶技能（Ⅰ级） | 操纵稳定性实车考核 | 稳态回转实操 | 1. 驾驶员按照自己驾驶能力对应选择汽车完成实车试验<br>2. 依据 GB/T 6323—2014《汽车操纵稳定性试验方法》其中的附录 D 按半径为 30m 的圆弧试验路径进行驾驶操作，完成左转、右转两方向定圆回转试验，通道两侧标桩底座圆弧顶点与通道中间圆（$R=30m$）线的距离为 1/2 车宽 $+A$，沿通道两侧圆弧均为匀摆放标桩，间距不能大于 5m，可根据不同轴距 $L$ 的汽车对应的 $A$ 值计算通道宽度 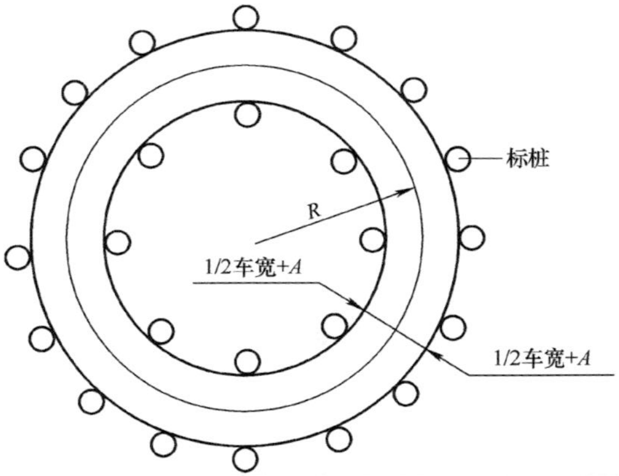<br><br>（图示：标桩，$R$，1/2 车宽 $+A$，1/2 车宽 $+A$） | 1. 从起步匀加速至临界侧滑状态（或轮胎有摩擦尖叫声）再减速至停车状态<br>2. 左转、右转试验过程中汽车的任何部位均不能碰触标桩<br>3. 两次操作方法一致 | 汽车轴距 $L$ 汽车对应的 $A$ 值：<br>1. $L\leqslant2500mm$，$A=300mm$<br>2. $2500mm<L\leqslant4000mm$，$A=500mm$<br>3. $L>4000mm$，$A=700mm$ |
| | 操纵稳定性实车考核 | 抗侧翻稳定性 | 1. 驾驶员按照自己驾驶能力对应选择汽车完成实车试验<br>2. 依据 JT/T 884—2014《营运车辆抗侧翻稳定性试验 第 1 部分试验车》；JT/T 1178.1—2018《营运货车安全技术条件 第 2 部分：牵引车》；JT/T 1178.2—2019《营运货车安全技术条件 载货汽车》与挂车<br>3. 按标准要求进行驾驶操作（左转、右转）与实操。稳态侧翻抗侧翻稳定性试验，以 50km/h 满载左转（右转）各一次试验，完成汽车以 50km/h 定车速变车速行驶，记录方向盘转角的侧向加速度；直至汽车以 50km/h 的定车速行驶。转动方向盘到一定角度并保持固定，直到对应向加速度达到 0.4g 后，稳定 3s，稳定时汽车不应发生侧翻或侧滑 | 1. 平均车速与目标车速的误差范围；瞬时车速与目标车速的误差范围<br>2. 均匀增加转向角至直至侧临界有摩擦尖叫声（或轮胎有侧向转角状态）<br>3. 两次操作方法一致 | 1. 平均车速与目标车速的误差范围为 ±2km/h<br>2. 瞬时车速与目标车速的误差范围为 ±3km/h<br>3. 均匀增加侧向转角至侧滑临界状态（或轮胎有摩擦尖叫声） |

（续）

| 驾驶技能级别 | 实车试验项目 | 考核方法 | 考核内容 | 备注 |
|---|---|---|---|---|
| 专业驾驶技能（I级） | 其他实车考核试验 | 双移线驾驶 | 1. 驾驶员按照自己驾驶能力对应选择汽车完成实车试验<br>2. 按照初始车道急剧变换操纵动态过程，快速驾驶车辆从初始车道进入与初始车道平行的另一车道，然后返回初始车道，而未超越车道界限<br>3. 按标线车道进行驾驶操作，在试验路径完成两次双车道变换试验 | 1. 以80km/h的车速进入"路段1"<br>2. 全程保持一致的节气门（油门）开度，以80km/h的车速驶出"路段5"<br>3. 两次操作方法一致<br>4. 试验过程车速偏差为±3km/h | 试验路段尺寸要求：<br>1. 路段1，长度15m，车道宽度（1.1×车宽+0.25）m<br>2. 路段2，长度30m<br>3. 路段3，长度25m，车偏移3.5m，车道宽度（1.2×车宽+0.25）m<br>4. 路段4，长度25m<br>5. 路段5，长度15m，车道宽度（1.3×车宽+0.25）m<br>6. 路段6，长度15m，车道宽度（1.3×车宽+0.25）m |
| | | 高低附着系数对开制动驾驶 | 1. 驾驶员根据自己驾驶能力选择对应汽车类型完成对开制动试验<br>2. 依据GB 21670—2008《乘用车制动系统技术要求及试验方法》、GB/T 13594—2003《机动车和挂车防抱制动性能和试验方法》<br>3. 在高低附着系数专用道路进行道路操作，完成高低附着系数对开路面（左高右低，左低右高）各一次试验 | 1. 试验在挡位脱开状态下进行<br>2. 左右车轮分别位于不同附着路面上，且汽车沿路面交界线行进<br>3. 制动初速度为50（1±2%）km/h<br>4. 急促全力制动<br>5. 控制汽车使轮胎（外廓）的任何部分不超过两种路面的交界线；两次操作方法一致 | 制动初速度为50（1±2%）km/h |

（续）

| 驾驶技能级别 | 实车试验项目 | | 考核方法 | 考核内容 | 备注 |
|---|---|---|---|---|---|
| 专业试验驾驶技能（Ⅰ级） | 紧急制动 | | 驾驶员根据自己驾驶能力对应选择汽车按照 GB 21670—2008 相关要求完成紧急制动实车考核（试验车速：120km/h 及以上） | 踏板力偏差 | 踏板力偏差：±10% |
| | 其他实车考核试验 | 部分失效制动驾驶 | 1. 驾驶员根据自己驾驶能力选择对应汽车车类型完成实车试验<br>2. 依据 GB 12676—2014《商用车辆和挂车制动系统技术要求及试验方法》、GB 7258—2017《机动车运行安全技术条件》 | 1. 失效类型：回路失效、真空助力器失效、液压助力器失效、驻车系统用作应急制动系统<br>2. 分别在满载和空载状态下完成试验<br>3. 踏板力不大于700N<br>4. 保持汽车稳定性，尽量保持在 3.7m 车道内 | 制动初速度按照汽车类型进行确定 |

# 第 3 章

# 汽车试验驾驶员技能培训与考核管理

## 3.1 汽车试验驾驶员技能培训管理

团体标准《汽车试验驾驶员技能素质要求与评价方法》（T/CMIF 165—2022）规定，汽车试验驾驶员应当掌握专业的理论知识和实践操作知识，且需要通过汽车试验驾驶员技能考核机构的考核。为提升汽车试验驾驶员的综合素质和试验能力，保障汽车试验项目试验过程中数据采集的可靠性和试验的规范性，涉及汽车试验驾驶员培训的有关机构应当强化汽车试验驾驶员技能培训过程管理。

### 3.1.1 汽车驾驶员培训管理要求

汽车驾驶员是依法取得驾驶许可证件，可以驾驶汽车上路行驶的人员。汽车驾驶员是实现道路交通领域内物和人员流动的关键性人员，对我国社会经济发展、人民生活水平提高与社会和谐稳定都具有重要的关键性支撑作用。按照汽车驾驶员是否从事道路运输职业的属性，汽车驾驶员可分为普通汽车驾驶员和道路运输驾驶员两大类。根据《中华人民共和国道路交通安全法》和《中华人民共和国道路运输条例》的有关规定，普通汽车驾驶员驾驶证培训和道路运输驾驶员从业资格培训均实行社会化，由社会化的培训机构实施培训，交通运输主管部门对社会化的培训机构对驾驶证培训和从业资格培训情况实施监督管理。

1. 普通汽车驾驶员驾驶证培训管理要求

普通汽车驾驶员是指依法取得机动车驾驶证后，不从事道路运输经营相关工作的驾驶人员。普通汽车驾驶员驾驶证培训教学具体由县级以上地方人民政府交通运输主管部门负责本行政区域内的培训管理工作，主要内容涉及培训机构经营条件、教学内容与学时要求、教学人员、规范服务、培训质量等。

（1）经营条件

《中华人民共和国道路运输条例》规定，从事机动车驾驶员培训的，应当具备健全的培训机构和管理制度，与培训业务相适应的教学人员、管理人员，必要的教学车辆和其他教学设施、设备、场地。交通运输主管部门根据《中华人民共和国道路运输条例》要求，制定实施了 GB/T 30340—2013《机动车驾驶员培训机构资格条件》和 GB/T 30341—2013《机动车驾驶培训教练场技术要求》两项国家标准，明确了培训机构经营的管理制度、岗位及人员、教学设施设备、教练场地以及相关服务设施设备等经营条件。不具备经营条件的机构，不得开展相应的驾驶培训教学活动。

（2）教学内容与学时要求

培训机构应当按照交通运输部联合公安部印发的《机动车驾驶培训教学与考试大纲》（交运发〔2022〕36 号）实施教学，培训教学内容包括道路交通安全法律法规和相关知识、基础和场地驾驶、道路驾驶和安全文明驾驶常识四个部分。不同准驾车型的汽车驾驶证，其在培训机构培训学习的学时不同。

培训机构培训示例

1）法律法规培训如图 3.1 所示。

试题以文字、图片或视频等形式表现，题型为判断题、单项选择题。判断题占 40%，单项选择题占 60%。考试时间为 45min，试题数量为 100 道题，考试满分为 100 分，成绩达到 90 分为合格。不合格者当场可重考一次。重难点为扣分罚款题、交警手势题，需要重点记忆。

图 3.1　培训机构法律法规培训（科目一）

2）场地驾驶培训如图 3.2 所示。

图 3.2　培训机构场地驾驶培训（科目二）

　　考试满分 100 分，80 分以上为合格；不合格者，当时可补考一次。正常的预约次数不得超过 5 次，如果 5 次预约，仍不合格的，已经考试合格的其他科目成绩作废。全国范围内的考核内容有 5 项：倒车入库、坡道定点停车与起步、侧方停车、直角转弯、曲线行驶。部分城市增加窄路掉头、停车取卡、隧道驾驶、紧急情况处置、模拟雨雾湿滑路 5 个项目。

　　5 项全国性考试内容中，倒车入库和坡道定点停车起步，是公认最难的两个项目。其实，科目二最重要的就是，要控制好车速，尽可能慢，车速慢才有调整的机会；另外要苦练离合，对于手动挡的学员来说，学车就是学离合。

　　3）道路驾驶培训如图 3.3 所示。

图 3.3　道路驾驶培训（科目三）

考试满分为 100 分，成绩达到 90 分为合格。如果第一次不合格，则有一次当时重考的机会。正常的预约次数不得超过 5 次，如果 5 次预约，仍不合格的，已经考试合格的其他科目成绩作废。

考核内容：上车准备、起步、直线行驶、加减挡位操作、变更车道、靠边停车、直行通过路口、路口左转弯、路口右转弯、通过人行横道线、通过学校区域、通过公共汽车站、会车、超车、掉头、灯光模拟等 16 项驾驶技能。

科目三考试看起来项目多，其实所有操作都是一气呵成的。只要平时认真练车、考试时胆大心细就没有问题。

4）安全文明驾驶培训如图 3.4 所示。

科目四，正式名称为科目三安全文明常识考试，为了与科目三道路技能考试区分开来，俗称为科目四。

试题以文字、图片或视频等形式表现，题型为判断题、单项选择题、多项选择题。考试时间为 45min，试题数量为 50 道题，考试满分为 100 分，成绩达到 90 分为合格。不合格者当场可重考一次。

科目四有 10 道多选题，一题 2 分，错 6 道则无法通过。因此学员在准备考试的过程中，需要对题目重点把握，有所侧重。

（3）教学人员

《机动车驾驶员培训管理规定》（交通运输部令 2022 年第 32 号）以及《关

图 3.4　安全文明驾驶培训（科目四）

于推进机动车驾驶人培训考试制度改革意见的通知》（国办发〔2015〕88 号）等文件，明确了教学人员不得有发生有责任交通事故致人死亡、交通违法记分满分等影响安全驾驶的行为记录，以及不得有组织或参与驾驶考试舞弊、收受或索取学员财物、虚假填写教学日志、伪造培训学时以及粗暴与不正当教学行为等不良教学服务行为记录。

（4）规范服务

为了提升培训机构服务质量和服务水平，交通运输主管部门制定了《机动车驾驶员培训机构培训服务规范》（JT/T 1099—2016）交通运输行业标准，对培训机构的招生咨询、报名、缴费、预约、培训教学、结业考核等环节明确了相应的服务要求和礼仪，同时要求培训机构要健全学员投诉通道，规范投诉处理程序，明确投诉受理范围、受理部门和人员、处理时限等，公布投诉处理程序、受理人员联系方式等。

（5）培训质量

根据《机动车驾驶员培训管理规定》要求，培训机构和教练员应当按照教学大纲规范施教，规范对学员进行培训，确保学员完成大纲规定的培训内容和培训学时。学员培训时，培训机构要强化培训过程管理，按照学员预约、签到、培训、签退和评价的流程进行培训教学，对学员教学项目、签到时间、签退时间、签到时长和培训时长等培训过程信息进行严格审核，发现学时造假和虚假填报教学日志与培训记录的，严格对教练员进行处置。

2. 道路运输驾驶员从业资格培训管理要求

道路运输驾驶员是指从事道路客货运输经营业务的驾驶人员，其管理是在普通汽车驾驶员培训与管理体系的基础上，又实施了从业资格培训，取得道路运输从业资格证的驾驶人员。根据《中华人民共和国道路运输条例》《机动车驾驶员培训管理规定》等有关规定，开展道路运输驾驶员从业资格培训的机构应当具备与培训业务相适应的教学车辆、教学人员和必要的教学设备设施。

根据《道路运输从业人员管理规定》的有关要求，交通运输主管部门印发了《道路客货运输驾驶员从业资格培训教学大纲》（交运发〔2012〕687 号）、《道路危险货物运输从业人员从业资格考试大纲、培训教学大纲和培训教学计划》（交办运〔2014〕131 号）等规范性文件，明确了道路客货运输驾驶员从业资格培训内容与学时要求，同时由社会化的培训机构开展道路运输驾驶员从业资格培训，在管理上要求培训机构建立健全教学人员、规范服务、培训质量等管理制度。

## 3.1.2　汽车试验驾驶员培训管理要求

汽车试验驾驶员是按既定要求实施汽车特定道路性能指标验证或参数测量的汽车操控人员，是汽车试验可靠性和规范性的关键人员。中国机械工业联合会制定团体标准《汽车试验驾驶员技能素质要求与评价方法》（T/CMIF 165—2022）的目的是在检测和校准实验室能力认可准则基础上，补充完善相关认可准则，说明中对汽车道路试验直接参与者（试验驾驶员）技能素质规定，明确符合实验室认可管理要求的汽车试验驾驶员技能素质要求，提出切实可行的技能素质评价方法，规范有关单位对汽车试验驾驶员的技能评价与上岗资格授权工作，提升汽车试验特别是整车道路试验的工作质量与安全水平。

鉴于团体标准《汽车试验驾驶员技能素质要求与评价方法》（T/CMIF 165—

2022）的制定目的，参考我国汽车驾驶员驾驶证培训及道路运输驾驶员从业资格管理体系要求，汽车试验驾驶员培训由专业的培训单位实施，建议由中国机械工业联合会委托 CNAS 机械专业委员会/中国汽车摩托车检测认证联盟（技术机构）负责汽车试验驾驶员培训单位的申请受理、能力确认及其全过程质量监督等具体工作。

（1）申请条件

拟在汽车试验领域开展驾驶员技能培训业务的单位，应当按照《汽车试验驾驶员技能素质要求与评价方法》（T/CMIF 165—2022）以及相关汽车试验技能培训机构建设指南要求，在开展培训前向技术机构提出申请，并提交以下材料：

1）法定代表人和经办人的身份证明复印件。

2）汽车试验驾驶员技能培训申请表（表3.1）。

3）汽车试验驾驶员培训教学教案。

4）管理制度文本、培训师资名册、培训场地技术说明和有关教学设施设备清单等证明材料。

（2）能力确认

技术机构收到申请材料后，应当自收到申请材料之日起 10 个工作日内对其完整性、符合性进行确认，提出反馈意见；符合要求的，在 15 个工作日内对其进行现场能力确认，符合能力条件要求的，技术机构公布其可开展的培训范围；对不符合能力条件的，技术机构应书面告知申请单位，并说明理由。

培训单位的书面决定有效期为 3 年。有效期届满后，有意继续承担培训工作的单位应提前 3 个月向技术机构提出申请，技术机构再次对培训单位进行能力确认。培训单位变更名称、法定代表人、经营场所、培训车型、技能级别等申请事项的，要在变更之日起 5 个工作日内向技术机构办理变更。需要终止培训经营的，应当在终止经营前 20 个工作日内书面告知技术机构。

### 表 3.1　汽车试验驾驶员技能培训申请表

| | | | | |
|---|---|---|---|---|
| 经营者名称 | | （与营业执照名称一致） | | |
| 统一社会信用代码 | | | | |
| 经营场所地址 | | ××省（区、市）××市（州）××县（市、区）××街（镇、乡）××号 | | |
| 企业主要负责人 | 法定代表人 | 姓名 | | 公民身份号码（有效证件号码） |
| | | 联系电话 | | 电子邮箱/传真 |
| | 主要负责人 | 姓名 | | 公民身份号码（有效证件号码） |
| | | 联系电话 | | 电子邮箱/传真 |
| 企业性质 | □国有　　　　□集体　　　　□私营　　　　□外资（国别　　） | | | |
| 培训车型 | □C1　□B1　□B2　□A1　□A2 | | | |
| 技能级别 | □Ⅲ级　　□Ⅱ级　　□Ⅰ级 | | | |

本经营者承诺：

1. 已知晓《汽车试验驾驶员技能素质要求与评价方法》（T/CMIF 165—2022）等相关标准和要求，知晓从事汽车试验驾驶员技能培训业务条件要求和申请要求；

2. 所提供的申请材料信息内容真实、准确，不存在虚假记载、误导性陈述或者重大遗漏，所有文件的签名、印章真实有效。如有不实之处，愿承担相应的法律责任。

法定代表人（签字）：

单位（盖章）：

年　　月　　日

□ 材料齐全并具备有关条件；

□ 材料不齐全或不具备条件，请补充：

技术机构（盖章）：

年　　月　　日

| 编号 | |
|---|---|
| | |

备注：

（1）办理变更的，仅需填写变更事项，并与原申请表一并存档；

（2）编号由技术机构按照"PX + 四位数字顺序（0001）"编号。

（3）质量监督

为确保汽车试验驾驶员的培训质量，技术机构应当对汽车试验驾驶员技能培训单位的教学人员、教学教案以及教学过程信息等情况进行年度质量监督检查或适时开展质量抽查。

1）教学人员。为确保教学质量，汽车试验驾驶员技能培训单位应当建立教学人员聘用管理制度，明确教学人员聘用标准、聘用流程和退出管理，对教学人员教学过程与质量进行监督和考核评价。技术机构在对培训机构实施监督时，应当重点检查聘用管理制度建设情况、教学人员业务能力及其管理情况等。

2）教学教案。为了确保教学质量，培训单位应当依据《汽车试验驾驶员技能素质要求与评价方法》（T/CMIF 165—2022）标准内容，进一步细化培训教学内容、学时安排、师资方案、教学方式、教学重点、教学策略等，形成适合自身及培训学员的教学教案，并根据相关法规和技术标准及时更新完善。技术机构在对培训机构实施监督时，应当重点检查培训单位形成的教学教案内容是否完善、使用是否有效。

3）教学质量。在实施汽车试验驾驶员培训教学时，汽车试验驾驶员技能培训单位应建立教学质量管理制度，记录培训内容、培训时间、培训地点、培训人员等信息，做到留痕管理，相关记录保存不少于3年。有计划开展教学质量跟踪、评估，对教学人员的业务能力、培训效果进行评价，作为人员管理和教学教案改进的依据。技术机构对培训单位实施监督检查时，应当查看培训机构是否完整记录汽车试验驾驶员的培训信息，以保障培训单位严格按照其制定的汽车试验驾驶员培训教案落实培训内容和培训学时，保证培训质量。

4）规范服务。为确保汽车试验驾驶员培训质量，提升培训服务水平，培训单位应制定培训服务管理制度，对宣传、招生、报名、缴费、培训教学、结业考核等环节，明确相应的岗位职责与工作要求；此外，还要建立投诉处理制度，健全服务投诉通道，规范投诉处理程序，明确投诉受理范围、受理部门和人员、处理时限等，公布投诉处理程序、受理人员联系方式等，及时受理投诉，并进行调查处理，反馈处理结果。技术机构在实施监督检查时，应当对培训单位的培训服务制度的实施情况进行检查。此外，在学员报名时，培训机构要查验学员购买的不低于 100 万元的保险险种；在培训教学过程中，一旦发生事故产生财产损失和人员伤亡，属于培训单位责任的，都应按照有关部门的责任认定进行赔付。

5）设施设备。培训单位应具备与申请的培训车型和技能等级相适应的培训场地、教学设施设备等培训资源，并建立健全培训资源使用管理制度。培训单位应确保设备设施满足培训教学的技术要求和培训业务的需求；培训单位应拥有相关设备设施的使用权，并有教学人员进行操作、维护等；设备设施的使用、维护等应及时予以记录，妥善保存。技术机构在实施监督检查时，应当对培训单位的培训场地、教学实施设备等的使用管理情况实施检查。

6）变更。当培训单位的机构、资源与管理发生变化，影响培训教学的培训车型与技能等级时，应及时进行评估，并向技术机构申请变更。

（4）处罚措施

技术机构在实施监督检查时，发现培训单位存在培训条件与规定不符、培训信息弄虚作假、投诉查实且后果严重等情形时，应当要求其进行整改；整改后仍然达不到要求的，撤销其培训业务的资质。

## 3.2　汽车试验驾驶员技能考核管理

团体标准《汽车试验驾驶员技能素质要求与评价方法》（T/CMIF 165—2022）规定，汽车试验驾驶员应当通过理论考核和实车道路考核评价。为保障汽车试验驾驶员技能考核的规范性、客观性和公正性，应当建立和完善汽车试验驾驶员技能考核管理的体制机制与要求。

### 3.2.1 汽车驾驶员考核管理要求

汽车驾驶员考试包括普通汽车驾驶员驾驶证考试和道路运输驾驶员从业资格考试。根据《中华人民共和国道路交通安全法》和《中华人民共和国道路运输条例》的有关规定，公安机关交通管理部门具体负责普通汽车驾驶员驾驶证考试和发证工作，交通运输主管部门负责道路运输驾驶员从业资格考试和发证工作。

1. 普通汽车驾驶员驾驶证考试管理要求

《中华人民共和国道路交通安全法》和《中华人民共和国道路交通安全法实施条例》规定，驾驶机动车，应当依法取得机动车驾驶证。我国对普通汽车驾驶员驾驶证实行许可制度，符合驾驶许可条件的人，可以向公安机关交通管理部门申请机动车驾驶证。公安机关交通管理部门应当对申请机动车驾驶证的人进行驾驶科目的考试，通过所有科目考试的，核发机动车驾驶证。

（1）考试内容和合格标准

普通汽车驾驶员驾驶证考试内容分为道路交通安全法律、法规和相关知识考试科目（科目一），场地驾驶技能考试科目（科目二），道路驾驶技能和安全文明驾驶常识考试科目（科目三）。考试内容和合格标准全国统一，根据不同准驾车型规定相应的考试项目。

（2）考试预约要求

公安部颁布实施了《机动车驾驶证申领与使用规定》（公安部令第162号）等规章，明确公安机关交通管理部门应当按照预约的考场和时间安排考试。申请人科目一考试合格后，可以预约科目二或者科目三道路驾驶技能考试。有条件的地方，申请人可以同时预约科目二、科目三道路驾驶技能考试，预约成功后可以连续进行考试。科目二、科目三道路驾驶技能考试均合格后，申请人可以当日参加科目三安全文明驾驶常识考试。

（3）考试过程监督

公安机关交通管理部门应当在办事大厅、候考场所和互联网公开各考场的考试能力、预约计划、预约人数和约考结果等情况，公布考场布局、考试路线和流程。公安机关交通管理部门应当在候考场所、办事大厅向群众直播考试视频，考生可以在考试结束后三日内查询自己的考试视频资料。

公安机关交通管理部门应当对驾驶员考试过程进行全程录音、录像，并实时监控考试过程，没有使用录音、录像设备的，不得组织考试。严肃考试纪律，规范考场秩序，对考场秩序混乱的，应当中止考试。考试过程中，考试员应当使用执法记录仪记录监考过程。

公安机关交通管理部门要建立音视频信息档案，存储录音、录像设备和执法记录仪记录的音像资料。建立考试质量抽查制度，每日抽查音视频信息档案，发现存在违反考试纪律、考场秩序混乱以及音视频信息缺失或者不完整的，应当进行调查处理。

公安机关交通管理部门应当建立业务监督管理中心，通过远程监控、数据分析、日常检查、档案抽查、业务回访等方式，对机动车驾驶员考试和机动车驾驶证业务办理情况进行监督管理。直辖市、设区的市或者相当于同级的公安机关交通管理部门应当通过监管系统每周对机动车驾驶员考试情况进行监控、分析，及时查处整改发现的问题。省级公安机关交通管理部门应当通过监管系统每月对机动车驾驶员考试情况进行监控、分析，及时查处、通报发现的问题。

（4）考试人员要求

考试员应当具备相应的知识和技能，经培训考试合格并取得考试员资格证书，由公安机关交通管理部门授权从事机动车驾驶员考试工作。拟选拔为考试员的人员应当参加不少于 40h 的培训，进行专业技能考试。考试员资格证书有效期为三年，由省级公安机关交通管理部门统一印制。

考试员、考试辅助和监管人员及考场工作人员应当严格遵守考试工作纪律，不得为不符合机动车驾驶许可条件、未经考试、考试不合格人员签注合格考试成绩，不得减少考试项目、降低评判标准或者参与、协助、纵容考试作弊，不得参与或者变相参与驾驶培训机构经营活动，不得收取驾驶培训机构、教练员、申请人的财物。

2. 道路运输驾驶员从业资格考试管理要求

道路运输驾驶员的从业资格考试由市级交通运输主管部门组织实施。

（1）考核内容及合格标准

《道路客货运输驾驶员从业资格考试大纲》明确，道路客货运输驾驶员包括基本知识考试和应用能力考核。其中，基本知识考试主要考核驾驶员的职业道德、职业心理和职业健康，道路货物运输从业相关法律法规，道路货物运输相关标准、专业知识、安全应急处置，汽车使用技术等知识；应用能力考核主要考核驾驶员的车辆安全检视、应急求救、灭火器使用、伤员急救、轮胎更换、禁运物品查验、货物捆绑等能力。基本知识考试和应用能力考核两个科目的考试时间均为 60min，满分为 100 分，成绩达 80 分合格。

（2）考核过程监督

道路运输驾驶员从业资格考试开考前，应录入考生和考试信息，并对考生的身份进行验证，核对考生指纹、身份证或准考证等；考生候考时须播放考务系统考试操作说明；开考时，考核员要做好考核巡视和监督工作。

以省级考试管理机构巡考为主、部评价中心巡考为辅，建立部、省两级巡考制度；面向社会和从业人员，建立部、省、设区的市三级举报、投诉制度。对于考试中存在的一般问题，由设区的市级考试管理机构处理；对于重大的问题，由省级考试管理机构牵头处理，并及时报部。对于年终考核不合格，发生泄密、买卖证书等严重事件的考点，责令其暂停考试进行整改，整改仍不符合要求的取消考点资格。

（3）考核员要求

省级交通运输主管部门统一组织本地区考核员培训、考核，对考核合格者，发放考核员证书。道路运输从业资格考试考核员证书实行全国统一编号，胸卡编号同证书编号。省级道路运输管理机构应当将本地区获得考核员证书人员的有关信息纳入全国考核员数据库。

考核员实行聘任制，考核员聘任期限为 3 年，设区的市级交通运输主管部门根据道路运输从业资格考试类别在取得考核员证书的人员中聘任，发放考核员胸卡。考核员应佩戴胸卡上岗，自觉接受业务主管部门管理和社会监督。

考核员聘任期满后，参加省级交通运输主管部门组织的不少于 16 学时的有关法律、法规、规章和业务等内容的培训，方可由设区的市级交通运输主管部门续聘。考核员存在减少考试项目或者降低考试标准、发现考试中存在舞弊现象未制止等情形的，设区的市级交通运输主管部门应当予以解聘，报省级道路运输管理机构撤销考核员资格；情节严重的，应当按人事管理权限给予行政处分；构成犯罪的，依法追究刑事责任。

## 3.2.2　汽车试验驾驶员技能考核管理要求

参考我国普通汽车驾驶员驾驶证考试与道路运输驾驶员从业资格管理要求，结合汽车试验驾驶员培训与考核实际现状，汽车试验驾驶员考核由第三方考核机构负责实施，建议由中国机械工业联合会委托 CNAS 机械专业委员会/中国汽车摩托车检测认证联盟（技术机构）负责汽车试验驾驶员考核机构的申请受理、能力确认及其质量监督等具体工作。

（1）申请受理

为确保汽车试验驾驶员考核质量和规范考核流程，实施考核的机构应当同时具备相应的理论知识和实车道路考核的教室、场地、考核设施设备、考核人员等条件要求。汽车试验驾驶员培训考核坚持培考分离的原则，考核机构可以是第三方独立的技术机构，也可以是从事试验检测具有培训能力条件的单位。需要说明的是，考核机构为从事试验检测具有培训能力条件的单位时，应签署公正性声明和廉洁自律及保密承诺文件，考核与培训应独立设置相应的培训部门和考核部门，配置不同的教学人员与考核人员，培训经费与考核费用单独核算。拟在汽车试验领域开展驾驶员技能考核的机构，应当按照汽车试验驾驶员技能考核机构设建设指南的有关要求，向技术机构提出申请并提交以下材料：

1）法定代表人和经办人的身份证明复印件。

2）汽车试验驾驶员技能考核机构申请表（表3.2）。

3）汽车试验驾驶员考核管理工作规范等管理制度文本。

4）工作人员名册、考核场地技术说明和有关考核设施设备清单等材料。

（2）能力确认

技术机构收到申请材料后，应当自收到申请材料之日起10个工作日内对其完整性、符合性进行确认，提出反馈意见；符合要求的，在15个工作日内对其进行现场能力确认：符合能力条件要求的，技术机构公布其可开展的考核能力范围；对不符合能力条件的，技术机构应书面告知申请单位，并说明理由。

技术机构公布的考核机构开展的考核能力范围的书面决定实行有效期制，有效期为3年。有效期届满后，技术机构再次对考核机构进行能力确认。

考核机构变更名称、法定代表人、经营场所、培训车型、技能级别等申请事项的，要在变更之日起5个工作日内向技术机构办理变更。需要终止考核的，应当在终止考核经营前20个工作日内书面告知技术机构。

（3）质量监督

为确保汽车试验驾驶员的考核质量，技术机构应当对汽车试验驾驶员技能考核机构的考核人员、考核管理工作规范以及考核过程管理等情况进行质量监督检查。

## 表 3.2　汽车试验驾驶员技能考核机构申请表

| | | | | | |
|---|---|---|---|---|---|
| 机构名称 | | | （与营业执照名称一致） | | |
| 统一社会信用代码 | | | | | |
| 经营场所地址 | | ××省（区、市）××市（州）××县（市、区）××街（镇、乡）××号 | | | |
| 企业主要<br>负责人 | 法定代表人 | 姓名 | | 公民身份号码<br>（有效证件号码） | |
| | | 联系电话 | | 电子邮箱/传真 | |
| | 主要负责人 | 姓名 | | 公民身份号码<br>（有效证件号码） | |
| | | 联系电话 | | 电子邮箱/传真 | |
| 企业<br>性质 | □国有　　　　□集体　　　　□私营　　　　□外资（国别　　） | | | | |
| 考核<br>车型 | □C1　　□B1　　□B2　　□A1　　□A2 | | | | |
| 技能<br>级别 | □Ⅲ级　　　□Ⅱ级　　　□Ⅰ级 | | | | |

本经营者承诺：

1. 已知晓《汽车试验驾驶员技能素质要求与评价方法》（T/CMIF 165—2022）等相关标准和要求，知晓从事汽车试验驾驶员技能考核条件要求和能力确认要求；

2. 所提供的申请材料信息内容真实、准确，不存在虚假记载、误导性陈述或者重大遗漏，所有文件的签名、印章真实有效。如有不实之处，愿承担相应的法律责任。

法定代表人（签字）：

单位（盖章）：

年　　月　　日

□ 申请材料齐全且具备相关条件；

□ 申请材料不齐全或不具备相关条件，请补充：

备案部门（盖章）：

年　　月　　日

| | |
|---|---|
| 编号 | |

备注：

（1）办理变更的，仅需填写变更事项，并与原申请表一并存档；

（2）编号由技术机构按照"KH+四位数字顺序（0001）"编号。

1）考核人员。为确保考核质量，考核机构应当建立考核人员聘用管理制度，明确考核人员聘用标准、聘用流程和退出管理，对考核人员考核过程与质量进行监督和考核评价。考核机构应当对考核人员进行岗前培训、资格评价，授权上岗。考核机构应将授权的考核人员名册及其能力范围报送技术机构，技术机构应对考核人员进行不少于40学时的业务培训，结业后纳入考核专家库。技术机构在对培训机构实施监督时，应当重点检查聘用管理制度建设情况、考核人员业务能力及其管理情况等。

2）考核管理工作规范。为了确保考核质量，考核机构应当依据《汽车试验驾驶员技能素质要求与评价方法》（T/CMIF 165—2022）标准内容和考核实际需求，建立考核管理工作规范，明确考核专家能力建设、考核组织实施、考核评价、考核场地设施要求、考核监督与责任追究、考核信息报送等，并根据相关法规和技术标准及时更新完善。技术机构在对考核机构实施监督时，应当重点检查考核机构制定的工作规范的建设与实施能否满足考核公平公正的要求。

3）考核质量监督。为规范汽车试验驾驶员的考核，确保考核工作的公正客观，考核机构应当建立考核信息公示制度，对考场布局、考核路线、考核流程等信息进行公示。考核机构应当建立考核过程音视频监控管理制度，明确理论考核教室和实车考核的音视频监控要求；实施汽车试验驾驶员考核时，应全程进行录音、录像，实时监控，音视频监控资料宜长期保存（保存期不少于6年）。

考核机构应建立考场纪律管理制度，明确考核人员考核纪律要求，严肃考核纪律，规范考核秩序。考核人员及考场工作人员应严格遵守考试工作纪律，不得为不符合条件、未经考核、考核不合格人员签注合格考核成绩，不得减少考核项目、降低评判标准或者参与、协助、纵容考核作弊，不得收取培训单位、教学人员、申请人的财物。

技术机构应当建立考核质量抽查制度，每次考核要抽查不少于5%的当批次音视频和考核记录等信息档案，抽查考核机构考核过程中的音视频记录等，发现存在违反考试纪律、考场秩序混乱以及音视频信息缺失或者不完整的，要及时调查处理，并公布调查结果。

4）设施设备。考核机构应具备与申请的考核车型和技能等级相适应的考核场地、考核设施设备等考核资源，并建立健全考核资源使用管理制度。考核机构应确保设备设施满足考核的技术要求和考核业务的需求；当租用相关设备设施时，考核机构应拥有相应的使用权，并由考核人员进行操作、维护等；设备设施的使用、维护等应及时予以记录，妥善保存。技术机构在实施监督检查时，应当对考核机构的考核场地、考核实施设备等的使用管理情况实施检查。

5）考核及结果报送。技术机构应当建立理论考核题库和实操题库。考核机构制定考核计划，提前 10 个工作日报送技术机构，技术机构随机抽取考题，选派观察员，现场参与考核工作，并进行相应监督。

为确保考核质量，考核机构应在汽车试验驾驶员考核后 3 个工作日内完成考核结果的上报，包括考核驾驶员姓名、年龄、考核车型、技能级别、考核成绩等。考核机构应当建立汽车试验驾驶员考核信息报送制度，明确考核信息报送时限、报送人员、报送过程管理等。技术机构在实施监督检查时，应当对考核机构的报送管理制度的建设和报送过程合理情况实施检查。

6）变更。当考核机构的资源与管理等发生变化，影响汽车试验驾驶员的考核车型与技能等级时，应及时进行评估，并向技术机构申请变更。

（4）处罚措施

技术机构在实施监督检查时，发现考核存在考核条件与规定不符、考核人员组织或参与考试作弊、纵容考试作弊、违反要求收取或索取学员财物、投诉查实且后果严重等情形时，应当要求其进行整改；整改后仍然达不到要求的，撤销其考核业务的能力范围。

## 3.3 汽车试验驾驶员技能级别标识管理

汽车试验驾驶员通过考核后，由技术机构对考核通过的人员进行结果复核，批准后，按照标准要求制作汽车试验驾驶员证并予以发放。按照团体标准《汽车试验驾驶员技能素质要求与评价方法》（T/CMIF 165—2022）的规定，汽车试验驾驶员取得技能级别标识后，应进行年度确认和在职教育与管理。

（1）年度确认

汽车试验驾驶员在取得技能级别标识后，应当按照考核机构的有关要求进行年度确认，年度确认时间起点以初次领证日期计算。年度确认的内容主要包括汽车试验驾驶员身体情况、发生伤亡交通责任事故情况、在职教育情况、驾驶证记满 12 分情况以及发生有责试验安全事故情况等。

汽车试验驾驶员在确认年度发生过有责试验安全事故、伤亡交通责任事故，以及驾驶证记满 12 分和身体条件不适宜再从事试验驾驶的，不予通过年度确认。

（2）在职培训与管理要求

聘用汽车试验驾驶员的单位应建立在职教育培训管理制度，采用线上线下相结合的方式，对汽车试验驾驶员进行职业道德素质、汽车专业及驾驶的新技术和新要求等方面的在职培训教育，并做好培训记录，包括培训时间、培训人员、培训内容、考核等情况，培训记录至少保存 6 年。汽车试验驾驶员每年至少进行不少于 8 学时的在职培训。试验驾驶员有交通违法记分记录的，按照 1 分增加 1 学时的要求，在 8 学时的基础上增加相应的培训学时。汽车试验驾驶员取证后没有从事试验驾驶岗位的，可不进行在职培训教育。其需要进行试验驾驶时，应至少进行不少于 8 学时的岗前教育。

聘用汽车试验驾驶员的单位应建立驾驶员信息报送制度，每年将驾驶员的身体健康证明、上一年度的安全驾驶记录和实际参与试验业绩等信息进行汇总后，按要求报送技术机构。技术机构据此对驾驶员进行质量信誉考核，并依据质量信誉考核结果对驾驶员分级分类，将驾驶员分为技能等级标识继续有效、技能等级标识预警、技能等级标识调整、技能等级标识失效等四类，并将驾驶员分类分级结果抄送相关聘用单位。

技术机构应建立健全驾驶员档案，包括驾驶员基本信息、驾驶技能等级、能力确认、在职教育、不良记录、信誉考核等，并畅通信息查询渠道。

# 第 4 章

# 汽车试验驾驶员培训与考核机构建设

为贯彻落实标准内容及汽车试验驾驶员技能素质培训与考核管理要求，检验培训与考核工作的实际效果，确保试验驾驶员技能素质满足工作要求，应规范汽车试验驾驶员技能培训与考核机构的建设，为实现专业化技能培训、正规化结果互认提供有力保障。

## 4.1 汽车试验驾驶员技能培训机构建设指南

### 4.1.1 资质与管理

1. 主体资质

1）应具有独立企业法人资格或授权的二级机构。

2）经营许可证中营业范围应具备培训资质。

3）注册资金不少于 1000 万元。

2. 管理制度

汽车试验驾驶员培训机构应建立健全培训管理制度，如教学人员聘用管理制度、教学质量管理制度、培训服务管理制度、培训资源使用管理制度、教学管理制度、教练员管理制度、学员管理制度、培训预约制度、学员投诉受理制度、安全管理制度、教学设施设备管理制度、培训收费管理制度等。

1）教学人员聘用管理制度，明确教学人员聘用标准、聘用流程和退出管理，对教学人员教学过程与质量进行监督和考核评价。

2）教学质量管理制度，明确要求记录培训内容、培训时间、培训地点、培训人员等信息，做到留痕管理，相关记录保存不少于 6 年，有计划开展教学质量跟踪、评估，对教学人员的业务能力、培训效果进行评价，作为人员管理和教学教案改进的依据。同时应包括计算机教学管理内容，包括多媒体教学、模拟考试等。

3）培训服务管理制度，明确在对宣传、招生、报名、缴费、培训教学、结业考核等环节的岗位职责与工作要求。

4）培训资源使用管理制度，明确培训单位应确保设备设施满足培训教学的技术要求和培训业务的需求；培训单位应拥有相关设备设施的使用权，并有教学人员进行操作、维护等；设备设施的使用、维护等应及时予以记录，妥善保存。

5）教学管理制度，应包括落实统一的教学大纲的措施，教学实施计划的制定、检查、驾驶培训记录的使用和管理以及教学质量评估等规定。

6）教练员管理制度，应包括教练员聘用、轮训、评议、考核（包括执教能力、培训质量、职业道德、廉洁自律等）和教练员培训质量排行榜的公布，并建立教练员文字和电子档案。

7）学员管理制度，应包括学员学籍管理，并建立学员文字和电子档案（学员登记表、驾驶培训记录、结业考试成绩单），保留时间不少于 4 年以备查。

8）培训预约制度，应包括预约方式、培训日期、培训学时、教练员或教练车、预约登记以及预约的撤销等。

9）学员投诉受理制度，健全服务投诉通道，规范投诉处理程序，明确投诉受理范围、受理部门和人员、处理时限等，公布投诉处理程序、受理人员联系方式等，及时受理投诉，并进行调查处理，反馈处理结果。

10）安全管理制度，应包括安全组织、安全教育、安全措施、安全检查、事故处理、重大事故报告、安全应急预案。

11）教学设施设备管理制度，应包括教学设施设备及车辆的使用、维护、检查、更新，并建立教学设施设备的文字和电子档案。

12）培训收费管理制度，应包括公示培训收费标准、收费方式及收费的监督管理。

3. 人员设置

培训机构应根据管理制度设立岗位负责人，并将各岗位职能的能力要求制定成文件，包括对教育、资格、培训、技术知识、技能和经验的要求。除机构主要领导外，按需设置教学技术负责人、教学质量负责人等管理岗位，培训文件资料管理、培训设备设施管理、人力资源管理、教学安全员等综合管理岗位，理论教员、试验驾驶操作教员等一线教培岗。

（1）管理人员

1）培训机构主要负责人：

岗位职责：负责整个培训机构的教学规划、市场运营、资源配置、技术运作等管理工作；负责培训机构人员的技能培训和指导工作；负责主持、制定关键管理流程和规章制度等。

岗位要求：须有 5 年以上管理岗位相关工作经验，本科学历；具有积极开拓精神，能够承受服务工作的压力，很强的执行能力；善于团队合作，具有良好的沟通及协调能力；善于处理复杂的关系及较强的交往能力等。

2）教学技术负责人：

岗位职责：负责落实发展规划和各期培训驾驶工作计划，负责教学的组织和安排，教练员队伍的管理和理论培训及实操教学工作安排；搭建教学技术保障体系；对现有教学方法改革、教学工具改进、教学形式优化等提出意见等。

岗位要求：本科及以上学历，至少 1 年管理经验；热爱驾培行业，具备一定的培训技能及团队管理能力；具有良好的职业操守。

3）教学质量负责人：

岗位职责：规范教学管理体系，建立并完善教学评估及质量保证体系，确保教学工作正常进行；负责教学、教研流程标准化效果监督；对教练员的招聘、培训、发展和教学质量控制方面提供专业的支持和建议；搭建教学质量管理体系；负责组织教练员定期开展教研活动，保证教学服务的高质量，提高教练员的职业、专业素养、服务意识等。

岗位要求：本科及以上学历，至少 1 年管理经验；热爱驾培行业，具备一定的培训技能及团队管理能力；具有良好的职业操守。

（2）教培岗

汽车试验驾驶员类似于道路运输驾驶员，是一种职业化的工作岗位，由于试验条件严苛、操作要求严谨、试验样车性能质量不确定性强、试验质量与安全要求高等因素所致，各方面的综合素质要求更高一些。因此，针对培训教员总结归纳出以下相关要求。

1）理论教员：

岗位职责：根据教学大纲、教学体系及特点开展理论教学活动。

岗位要求：应熟悉并准确掌握《汽车试验驾驶员技能素质要求与评价方法》（T/CMIF 165—2022）所涉及的所有试验方法标准，并获得授权；理论教练员应具备车辆工程、机械、交通运输等专业本科及以上学历或者中级以上技术职称，任职 5 年（包含）以上。

理论教员不少于 2 人，应与申请的车型范围与技能素质级别相适应。

2）试验驾驶操作教员：

岗位职责：根据教学大纲、教学体系及特点开展实操教学活动。

岗位要求：应熟悉并开展过《汽车试验驾驶员技能素质要求与评价方法》（T/CMIF 165—2022）所对应的试验检测工作，并获得相应授权；熟练掌握道路安全法规、试验培训场地安全运行基本要求、汽车构造、预见性驾驶和应急驾驶的基本知识，熟悉车辆维修和常见故障诊断、车辆安全与节能驾驶的有关知识，具备驾驶要领讲解、驾驶动作示范、指导驾驶和应急处置的相关能力；持有相应车型的机动车驾驶证；开展试验驾驶工作 10 年以上经历；年龄不超过 55 周岁。

试验驾驶操作教员不少于 3 人，应与申请的车型范围与技能素质级别相适应。

## 4.1.2 教练车辆

1）教练车辆应符合《机动车运行安全技术条件》（GB 7258—2017）、《机动车安全技术检验项目和方法》（GB 38900—2020）要求且技术状况良好。

2）教练车辆技术参数见表 4.1。

表 4.1 教练车辆技术参数

| 代号 | 车型 | 种类 | 特征车型参数 | 数量 |
|------|------|------|--------------|------|
| C1 | 小型汽车 | 小型、微型载客汽车<br>轻型、微型载货汽车<br>轻型、微型专项作业车 | 4m≤长 <6m，5 人≤总载人数≤9 人的客车<br>4.5m≤长 <6m 且 3t≤总质量≤4.5t 的货车 | 各不少于 1 辆 |
| B1 | 中型客车 | 中型载客汽车（含核载 10 人以上、19 人以下的城市公共汽车） | 5m≤长 <6m 且总载人数 10～19 人 | 不少于 1 辆 |
| B2 | 大型货车 | 重型、中型载货汽车<br>重型、中型专项作业车 | 20t≤总质量≤31t | 不少于 1 辆 |
| A2 | 牵引车 | 重型、中型全挂、半挂汽车列车 | 汽车列车，40t≤总质量≤49t | 不少于 1 辆 |
| A1 | 大型客车 | 大型载客汽车 | 长≥10m 或总载人数≥30 人 | 不少于 1 辆 |

3）教练车辆应有明显培训字样标识。

4）教练车辆应装有副后视镜以及灭火器及其他安全防护装置。宜使用配置有副制动踏板、车载计时计程终端、高级驾驶辅助系统（ADAS）、360°环视系统、电子制动系统（EBS）等辅助装置的车辆。

## 4.1.3　教练场地

1）汽车试验驾驶员培训机构应具有满足《公路工程质量检验评定标准　第一册　土建工程》（JTG F80/1—2017）、《公路沥青路面施工技术规范》（JTG F40—2004）、《工程测量标准》（GB 50026—2020）以及 CNAS—CL01—A005 等要求且满足开展汽车试验驾驶培训的教练场地，如租用；汽车试验驾驶员培训机构宜与教练场地管理者签订租用合同，期限不少于 3 年。

2）汽车试验驾驶员培训机构教练场地应包括但不限于以下路面设施：

① 高速环道：要求最高行驶速度 160km/h 以上。

② 水平直线性能路段（含 ABS 测试路段）：要求无掉头环的长度不少于 2km，纵向坡度 1%，坡道不小于 50%。

③ 汽车加速行驶车外噪声测试路段：要求平直的沥青或水泥路段不少于 200m。

④ 汽车操稳试验动态广场：要求直径达 300m 的操稳广场。

3）教练场地应有足够的办公、教学和生活用房，应有卫生、饮水设施。

4）教练场地应设置封闭设施，与办公、教学和生活等区域之间应有隔离设施。

## 4.1.4　教学设施设备

1）汽车试验驾驶员培训机构宜具备计算机单机或网络教学系统，满足多媒体教学和培训学时计时管理要求。

2）培训机构宜使用多媒体教学软件进行理论教学。多媒体教学软件内容应满足教学大纲的要求，并具备集文字、图片、声音、动画和视频为一体的功能。

教学设施设备见表4.2。

**表4.2　教学设施设备**

| 设备类别 | 序号 | 设备名称 |
|---|---|---|
| 电化教学设备 | 1 | 计算机 |
|  | 2 | 多媒体教学软件及设备 |
|  | 3 | 教学磁板 |
| 教学管理信息系统 | 4 | 计时培训系统应用平台 |
|  | 5 | 计时培训系统理论计时终端 |
|  | 6 | 计时培训系统车载计时计程终端 |
|  | 7 | 计时培训系统模拟计时终端 |
| 教学挂图 | 8 | 场地设施图例（模拟实操培训驾驶路线） |
|  | 9 | 汽车试验驾驶知识 |
| 医疗救护用具 | 10 | AED除颤器装置 |
|  | 11 | 急救用品（包括止血带、三角巾、固定夹板、包扎纱布及汽车急救包等） |

## 4.1.5　办公场所及教室

1）汽车试验驾驶员培训机构应有与教练场地一体化设计或独立的办公场所，办公场所应有足够的办公用房。在培训期间内，应有接待人员提供问询、报名服务。

2）汽车试验驾驶员培训机构应在显著位置公示经营许可证、教学大纲、学驾流程、收费标准和项目、教练场地和教练员、服务规范、安全管理措施、招生（站）点、预约和投诉电话等信息。

3）教学场所应具有符合教培要求的图板橱窗或实物展台、警示教育活动室等汽车试验安全宣传教育设施。

4）汽车试验驾驶员培训机构应设置档案室，宜设置多媒体理论考核教室、计算机考核教室，场所面积要求见表 4.3。

表 4.3　场所面积要求

| 教室类型 | | 面积要求/m² |
|---|---|---|
| 多媒体理论考核教室 | 单间 | ≥50 |
| | 人均 | ≥1.2 |
| 计算机考核教室 | | ≥30 |
| 档案室 | | ≥20 |

5）各类教室采光、通风、照明条件和消防设施、设备应符合有关规定。

6）应在教学区域提供培训教练和学员休息场所、休息座椅，设有卫生、饮水设施及采暖、制冷设备。

## 4.2　汽车试验驾驶员技能考核机构建设指南

### 4.2.1　资质与管理

1. 主体资质

1）应具有独立企业法人资格或授权的二级机构。

2）经营许可证中营业范围应具备培训资质。

3）注册资金不少于 1000 万元。

2. 管理制度

汽车试验驾驶员考核机构应建立健全考核管理制度，如考核人员聘用管理制度、考核人员在职培训与管理要求、考核管理工作规范、考核信息公示制度、考核过程音视频监控管理制度、考场纪律管理制度、考核质量抽查制度、考核信息报送制度、考核资源使用管理制度、投诉受理制度、考核设施设备管理制度、考核收费管理制度等。

1）考核人员聘用管理制度，明确考核人员聘用标准、聘用流程和退出管理，对考核人员考核过程与质量进行监督和考核评价。考核机构应当对考核人员进行岗前培训、资格评价，授权上岗。考核机构应将授权的考核人员名册及其能力范围报送技术机构，技术机构应对考核人员进行不少于40学时的业务培训，结业后纳入考核专家库。技术机构在对培训机构实施监督时，应当重点检查聘用管理制度建设情况、考核人员业务能力及其管理情况等。

2）考核人员在职培训与管理要求，应明确考核人员每年至少进行不少于8学时的在职培训，对职业道德素质、考核管理要求、汽车试验新知识、汽车专业及驾驶的新技术和新要求等方面开展在职培训教育。

3）考核管理工作规范，明确考核专家能力建设、考核组织实施、考核评价、考核场地设施要求、考核监督与责任追究、考核信息报送等，并根据相关法规和技术标准及时更新完善。

4）考核信息公示制度，明确要求对考场布局、考核路线、考核流程等信息进行公示。

5）考核过程音视频监控管理制度，明确理论考核教室和实车考核的音视频监控要求；实施汽车试验驾驶员考核时，应全程进行录音、录像，实时监控，音视频监控资料保存时间不少于3年；没有使用录音、录像设备的，不得组织考核。

6）考场纪律管理制度，明确考核人员考核纪律要求，严肃考核纪律，规范考核秩序。考核人员及考场工作人员应严格遵守考试工作纪律，不得为不符合条件、未经考核、考核不合格人员签注合格考核成绩，不得减少考核项目、降低评判标准或者参与、协助、纵容考核作弊，不得收取培训单位、教学人员、申请人的财物。

7）考核质量抽查制度，明确每次考核要抽查不少于5%的当批次音视频和考核记录等信息档案，抽查考核机构考核过程中的音视频记录等，发现存在违反考试纪律、考场秩序混乱以及音视频信息缺失或者不完整的，要及时调查处理，并公布调查结果。

8）考核信息报送制度，明确一是由考核机构制订考核计划，提前 10 个工作日报送技术机构，技术机构随机抽取考题，选派观察员，现场参与考核工作，并进行相应监督；二是考核信息报送时限、报送人员、报送过程管理等。

9）考核资源使用管理制度，明确考核单位应确保设备设施满足考核的技术要求和考核业务的需求；考核单位应拥有相关设备设施的使用权，并由考核人员进行操作、维护等；设备设施的使用、维护等应及时予以记录，妥善保存。

10）投诉受理制度，包括健全服务投诉通道，规范投诉处理程序，明确投诉受理范围、受理部门和人员、处理时限等，公布投诉处理程序、受理人员联系方式等，及时受理投诉，并进行调查处理，反馈处理结果。

11）考核设施设备管理制度，应明确考核设施设备及车辆的使用、维护、检查、更新、有效性确认要求，保证考核设施设备及车辆随时待命，并建立文字和电子档案。

12）考核收费管理制度，应包括公示培训收费标准、收费方式及收费的监督管理。

3. 人员设置

考核机构应根据管理制度设立岗位负责人，并将各岗位职能的能力要求制定成文件，包括对教育、资格、培训、技术知识、技能和经验的要求。除机构主要领导外，按需设置考核技术负责人、考核质量负责人等管理岗位，考核文件资料管理、考核设备设施管理、考核安全员等综合管理岗位，理论考核员、试验驾驶操作考核员等考核岗位。

（1）管理人员

1）考核机构主要负责人：

岗位职责：负责整个考核机构的考核规划、市场运营、资源配置、技术运作等管理工作；负责考核机构人员的技能培训和指导工作；负责主持、制定关键管理流程和规章制度等。

岗位要求：须有 5 年以上管理岗位相关工作经验，本科学历；具有积极开拓精神，能够承受服务工作的压力，很强的执行能力；善于团队合作，具有良好的沟通及协调能力；善于处理复杂的关系及较强的交往能力等。

2）考核技术负责人：

岗位职责：负责落实发展规划和考核工作计划，负责考核工作的组织和安排，考核人员队伍的管理和理论考核及实操考核工作安排；搭建考核技术保障体系；对现有考核方法改革、考核工具改进、考核形式优化等提出意见。

岗位要求：本科及以上学历，至少 1 年管理经验；热爱驾培行业，具备一定的培训、考核技能及团队管理能力；具有良好的职业操守。

3）考核质量负责人：

岗位职责：规范考核管理体系，建立并完善考核评估及质量保证体系，确保考核工作正常进行；负责考核流程标准化效果监督；对考核人员的招聘、培训、发展和考核质量控制方面提供专业的支持和建议；搭建考核质量管理体系；负责组织考核人员定期开展教研活动，保证考核服务的高质量，提高考核人员的职业、专业素养、服务意识等。

岗位要求：本科及以上学历，至少 1 年管理经验；热爱驾培行业，具备一定的培训、考核技能及团队管理能力；具有良好的职业操守。

（2）考核岗位

1）理论考核员（不少于 2 人）：

岗位职责：根据考核大纲、考核体系及特点开展理论考核活动。

岗位要求：应熟悉并准确掌握《汽车试验驾驶员技能素质要求与评价方法》（T/CMIF 165—2022）所涉及的所有试验方法标准，并获得授权；理论考核员应具备车辆工程、机械、交通运输等专业本科及以上学历或者中级以上技术职称，任职 5 年（包含）以上。

2）试验驾驶操作考核员（不少于 3 人）：

岗位职责：根据考核大纲、考核体系及特点开展实操考核活动。

岗位要求：应熟悉并开展过《汽车试验驾驶员技能素质要求与评价方法》（T/CMIF 165—2022）所对应的试验检测工作，并获得相应授权；熟练掌握道路安全法规、试验培训场地安全运行基本要求、汽车构造、预见性驾驶和应急驾驶的基本知识，熟悉车辆维修和常见故障诊断、车辆安全与节能驾驶的有关知识，具备驾驶要领讲解、驾驶动作示范和指导驾驶的教学及考核能力；持有相应车型的机动车驾驶证；开展试验驾驶工作 10 年以上经历；年龄不超过 55 周岁。

## 4.2.2　考核车辆

1）考核车辆应符合《机动车运行安全技术条件》（GB 7258—2017）、《机动车安全技术检验项目和方法》（GB 38900—2020）要求且技术状况良好。

2）考核车辆技术参数见表 4.4。

表 4.4　考核车辆技术参数

| 代号 | 车型 | 种类 | 特征车型参数 | 数量 |
|---|---|---|---|---|
| C1 | 小型汽车 | 小型、微型载客汽车 轻型、微型载货汽车 轻型、微型专项作业车 | 4m≤长 <6m，5 人≤总载人数≤9 人的客车 4.5m≤长 <6m 且 3t≤总质量≤4.5t 的货车 | 各不少于 1 辆 |
| B1 | 中型客车 | 中型载客汽车（含核载 10 人以上、19 人以下的城市公共汽车） | 5m≤长 <6m 且总载人数 10～19 人 | 不少于 1 辆 |

（续）

| 代号 | 车型 | 种类 | 特征车型参数 | 数量 |
|------|------|------|------|------|
| B2 | 大型货车 | 重型、中型载货汽车<br>重型、中型专项作业车 | 20t≤总质量≤31t | 不少于 1 辆 |
| A2 | 牵引车 | 重型、中型全挂、半挂<br>汽车列车 | 汽车列车，40t≤总质量≤49t | 不少于 1 辆 |
| A1 | 大型客车 | 大型载客汽车 | 长≥10m 或总载人数≥30 人 | 不少于 1 辆 |

3）考核车辆应有明显考核字样标识。

4）考核车辆应装有副后视镜以及灭火器及其他安全防护装置，宜使用配置有副制动踏板、车载计时计程终端、高级驾驶辅助系统（ADAS）、360°环视系统、电子制动系统（EBS）等辅助装置的车辆。

## 4.2.3　考核场地

1）汽车试验驾驶员考核机构应具有满足《公路工程质量检验评定标准　第一册　土建工程》（JTG F80/1—2017）、《公路沥青路面施工技术规范》（JTG F40—2004）、《工程测量标准》（GB 50026—2020）以及 CNAS—CL01—A005 等要求且满足开展汽车试验驾驶考核的考核场地，如租用；汽车试验驾驶员考核机构宜与考核场地管理者签订租用合同，期限不少于 3 年。

2）汽车试验驾驶员考核机构考核场地应包括但不限于以下路面设施：

① 高速环道：要求最高行驶速度 160km/h 以上。

② 水平直线性能路段（含 ABS 测试路段）：要求无掉头环的长度不少于 2km，纵向坡度 1%，坡道不小于 50%。

③ 汽车加速行驶车外噪声测试路段：要求平直的沥青或水泥路段不少于 200m。

④ 汽车操稳试验动态广场：要求直径达 300m 的操稳广场。

3）考核场地应有足够的办公和生活用房，应有卫生、饮水设施。

4）考核场地应设置封闭设施，与办公、教学和生活等区域之间应有隔离设施。

## 4.2.4　考核设施设备

1）汽车试验驾驶员考核机构应具备与申请的考核车型和技能等级相适应的考核设施设备等考核资源，且宜具备计算机单机或网络考核系统，满足多媒体考核要求。

2）汽车试验驾驶员考核机构宜使用多媒体考核软件进行理论考核。多媒体考核软件内容应满足考核大纲的要求，并具备集文字、图片、声音、动画和视频为一体的功能。

## 4.2.5　办公场所及教室

1）汽车试验驾驶员考核机构应有与考核场地一体化设计或独立的办公场所，办公场所应有足够的办公用房。

2）考核场所应具有符合考核要求的图板橱窗或实物展台、警示教育活动室等汽车试验安全宣传教育设施。

3）汽车试验驾驶员考核机构应设置档案室，宜设置多媒体理论考核教室、计算机考核教室，场所面积要求见表 4.5。

表 4.5　场所面积要求

| 教室类型 | | 面积要求/m$^2$ |
| --- | --- | --- |
| 多媒体理论考核教室 | 单间 | ≥50 |
| | 人均 | ≥1.2 |
| 计算机考核教室 | | ≥30 |
| 档案室 | | ≥20 |

4）各类考核教室采光、通风、照明条件和消防设施、设备应符合有关规定。

5）应在考核区域提供考核人员和学员休息场所、休息座椅，设有卫生、饮水设施及采暖、制冷设备。

## 4.2.6 特定情况补充要求

具备培训资质的机构仅承担对报名的驾驶员进行理论实操培训工作，具备考核资质的机构仅负责对培训后的驾驶员按标准要求进行理论、实操考核，并对考核结果进行上报。针对同时具备培训和考核资质的机构，在开展考核工作时还需采取教考回避原则，比如培训教员不得参与本期、本批次考核工作，考核人员不得考核自己培训过的汽车试验驾驶员等，以保证考核的公正客观性。

# 第 5 章

# 新技术发展应用与展望

## 5.1 汽车驾驶员培训新技术

网络远程教学技术、基于虚拟现实技术的驾驶培训模拟器等新技术在驾驶培训中的应用，颠覆了传统的驾驶培训教学模式，在一定程度上提升和优化了培训教学的效果和质量，值得汽车试验驾驶员的培训教学方借鉴和参考。

### 5.1.1 网络远程教学技术

1. 网络远程教学

网络远程教学（图5.1）是指由特定的培训教学组织机构，综合应用互联网、多媒体、动画和视频技术，通过收集、设计、开发和利用各种教学资源，构建互联网远程教学环境，为学员提供远程培训教学服务，以及帮助和促进学员远程学习的所有实践活动的总称。在所有活动中，教师是以教学资源的形式或学习指导者的身份与学生保持分离的状态；而学员与培训教学组织机构或学员与学员之间将借助互联网建立双向或多向通信机制保持即时会话。

近年来，随着信息技术和互联网技术的快速发展，网络远程教学技术逐步在机动车驾驶培训行业得到应用。为规范机动车驾驶培训网络远程教学的平台和课程，交通运输部于2017年12月印发并实施了《机动车驾驶员培训网络远程理论教学技术规范》（简称《技术规范》），明确了开展机动车驾驶培训网络远程理论教学的基本要求。该文件规定了机动车驾驶培训网络远程理论教学的

图 5.1　网络远程教学

教学素材、教学课程，以及远程教育平台的功能、技术要求、运营服务和课程质量与服务质量评价等要求，适用于机动车驾驶培训网络远程教育平台的建设、运营和管理，以及指导远程教育平台内教学课程的制作和管理。

2. 网络远程教学技术优势

传统的集中式课堂教学，虽然具有师生互动性强、学员可以相互促进、教学进度统一、教学效率高等优势，但同时也存在培训机构重视不足、部分师资综合素质不高、教学能力差以及学员需要不断地往返培训机构等弊端。因此网络远程教学应运而生，并逐步在驾驶员培训中得到有效应用。机动车驾驶培训理论教学应用网络远程教学具有以下优势。

1）学员学习更加方便便捷。网络远程教学突破了课堂教学时间和空间上的限制，培训时间灵活，学员可以充分利用碎片化的时间在网络覆盖的区域开展培训教育，无须再往返培训机构，学习更加方便和便捷的同时，也有效节省了学员的时间和交通成本。学员还可根据对知识点的掌握程度，重复多次观看学习。

2）教学素材丰富，趣味性好。网络远程教学的课程在制作时，可以根据内容需求采用文本、图片、音频、视频、动画、教学录像等教学素材，素材丰富多样。《技术规范》明确，教学课程中使用的图片、音频、动画等素材应与教学知识点内容密切相关，且要求教学课程中采用动画和视频表现形式的学习内容时长占总时长的比例不应少于 70%，确保了教学课程具有较好的趣味性，从而使学员从被动学转变为主动学、愿意学。

3）教学方法多样，针对性强。教学课程根据教学目标和教学内容进行科学设计，包括学习目标、学习内容、培训学时、学习重点和难点、学习小结等，确保教学的连贯性和逻辑性。同时教学课程制作时，可以使用目标教学法、串讲教学法、情景模拟法、故事引导法、比较教学法、案例教学法等多种教学方法，不再受教学方法的限制，可以根据教学内容选择适宜的教学方法，教学针对性好，教学质量高，且课程可以重复使用。

3. 网络远程教学应用现状

网络远程教学是随着现代信息技术的发展而产生的一种新型培训教学方式。在交通运输行业中最早是在道路运输驾驶员的继续教育培训中进行探索应用，早在 2010 年，江苏、福建等省份的部分地市在道路运输驾驶员的继续教育中进行试点，并取得了不错的效果。在道路运输驾驶员的继续教育中取得成功后，网络远程教学逐步在机动车驾驶理论培训上得到应用。江苏、福建、河南、吉林、浙江等部分省份的一些城市在驾驶培训的理论教学中推广应用网络远程教学。网络远程理论教学克服了集中式课堂教学存在的学员受时间、空间限制等问题，方便了学员参加理论知识培训，取得了良好的效果。此外，全国许多省份或地市采用了网络远程教学开展机动车驾驶员培训理论学习，江苏、广东和江西等省全省都采用了网络远程教学的形式对学员进行理论培训。

## 5.1.2　基于虚拟现实技术的驾驶培训模拟器

1. VR 驾驶培训模拟器

驾驶培训模拟器是一种能正确模拟汽车驾驶操作功能，获得实车驾驶感觉的培训教学仿真装置。它是利用仿真技术营造虚拟的驾驶训练环境，使模拟器产生汽车行驶过程中的虚拟视景、音响效果和运动仿真，并通过模拟装置操作部件与虚拟的训练环境进行交互，使学员沉浸到虚拟驾驶环境中，产生实车驾驶的效果和感觉，从而体验、认识和学习现实世界中的汽车驾驶技术。驾驶培训模拟器按照模拟器显示系统的呈现形式和运动能力分为非互动型、互动型、动感型三类。但伴随着信息技术和虚拟仿真技术的发展，一种新型的汽车驾驶培训模拟器应运而生——沉浸式的基于虚拟现实技术汽车驾驶培训模拟器（VR 驾驶培训模拟器）。

VR 驾驶培训模拟器（图 5.2）采用虚拟现实、人机交互、智能传感等技术，利用真实场景数据建立逼真的三维教练场地、训练道路和事故过程、特殊气象及紧急情形下的虚拟环境。学员通过操纵各机件，配合虚拟头盔进行训练，以达到模拟训练的目的。VR 驾驶培训模拟器具有很强的沉浸感和互动性，能给学员带来强烈、逼真的感官冲击，获得身临其境的体验，目前正逐步在汽车驾驶培训中得以应用。

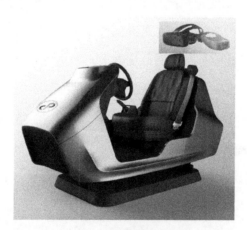

图 5.2　VR 驾驶培训模拟器

2. VR 驾驶培训模拟器教学的优势

VR 驾驶培训模拟器在驾驶培训中的应用，给驾驶培训带来了极大的益处，其主要优势体现在以下几个方面。

1）节能环保。与实车训练相比，采用 VR 驾驶培训模拟器训练，不燃用任何石化燃料（柴油、汽油、天然气等），不产生任何污染废气，带来良好的社会效应。

2）减少实车损耗。学员通过 VR 驾驶培训模拟器熟练和规范操作车辆机械操作装置，再进行实车训练，可以减少学员由于紧张或误操作而带来的真车损耗，避免因不规范操作对发动机、变速器等汽车重要部件的损害。

3）快速掌握相应教学项目驾驶操作要求。学员初上实车训练时，由于以前接触车辆少，会出现手脚配合不协调，动作慌乱、误操作多，因而产生恐惧心理。使用 VR 驾驶培训模拟器，学员先熟练掌握离合器、制动踏板、加速踏板、挡位、方向盘等的操作和配合，然后再进行场地驾驶模拟和道路驾驶模拟的训练，一方面能消除学员学车上车的恐惧心理；另一方面学员通过反复训练相应教学项目，能缩短掌握教学项目的操作技巧和驾驶要求的时间。

4）保障驾驶培训安全。驾驶培训时，学员需要熟练掌握特殊道路（高速公路、山区道路、泥泞道路、涉水道路等）、恶劣气象条件（雨天、雾霾天、冰雪天等）及紧急情况下的安全操作。如果训练时直接在特殊道路或恶劣气象等条件下进行，则可能由于学员不掌握该行驶环境下的驾驶技能操作要领，进而出现训练安全事故，使用 VR 驾驶培训模拟器，学员在掌握特殊道路、恶劣气象条件下的安全驾驶操作要领后再采用实车驾驶训练，可以保障培训安全。

5）高精度还原驾驶培训教学项目。VR 驾驶培训模拟器可以将教学大纲中的场地驾驶和道路驾驶通过仿真技术、3D 实景建模技术等进行建模，实现仿真虚拟场景与教练场地、道路驾驶中的训练场景完全等效，实现高精度的虚拟场景仿真。学员采用 VR 驾驶培训模拟器训练时，教学项目与教学大纲完全一致，教学场景与实际场景等效，能快速使学员掌握相应教学项目的驾驶方法和技能。

6）实现高沉浸度。VR 驾驶培训模拟器的虚拟场景建模采用 3D 实景建模，并对图像画面进行渲染，辅以体感和动感，配合相应的实车、交通环境等音响，使学员感受到的虚拟场景与实际训练场景一致，训练时，能让学员身临其境，沉浸其中，除了感受真实之外，还会相当有趣，实现游戏化学习。

7）学员体验效果好。学员坐在驾驶舱内，戴上 VR 头盔就可以模拟驾驶教学大纲中的所有教学项目，感受真实学车效果。VR 驾驶模拟器采用头显设备，为学员带来逼真的学车体验，辅之逼真的音效系统，让驾驶员一度有以假乱真的感觉，学习体验效果好，与真车教学感受基本相同。

8）便利学员学车。采用 VR 驾驶培训模拟器教学，学员直接在模拟器上就能学习所有培训科目，而不用考虑特殊气象条件。此外，部分机动车驾驶员培训机构提供个性化的服务，将 VR 驾驶培训模拟器安置在学员较近的地点，学员学车更加方便、经济。

3. VR 驾驶培训模拟器应用现状

随着虚拟现实技术和 3D 建模技术的发展，实景建模使得驾驶虚拟场景更加逼真，使得 VR 驾驶培训模拟器得到了快速发展。目前，北京、浙江和山东的部分机动车驾驶员培训机构应用 VR 驾驶培训模拟器开始进行教学试点，VR 驾驶培训模拟器涵盖了机动车驾驶员培训教学大纲中理论教学和实操教学的所有教学内容，尤其是对夜间等特殊场景、紧急危险场景等安全驾驶操作技能的训练。其中，理论教学内容制作成相应的教学课程，放置于驾驶培训模拟器内，学员可以直接进行观看；场地驾驶和道路驾驶的培训教学项目，其采用实景建模的方式，将教练场地和实际道路 1:1 建模成虚拟训练场景，达到了实际场景的逼真度。

从训练成效看，VR 驾驶培训模拟器能使学员掌握必备驾驶技能，在学车过程中获得了部分学员的好评。但 VR 驾驶培训模拟器的操作延时和眩晕缺陷，急需各大厂家进一步优化和完善。

## 5.1.3 驾驶适宜性评价新技术

1. 驾驶适宜性内涵

驾驶适宜性是指驾驶员的生理、心理素质符合安全驾驶工作要求的程度，是职业适宜性的一种。驾驶适宜性包括驾驶员的视觉特性、注意力、反应、智力、驾驶操作、个性等方面，是在先天因素和后天环境相互作用的基础上逐渐形成和发展起来的。驾驶适宜性是相对稳定的，但也会随驾驶员工作和生活环境的变化而发生变化，一般所需的变化时间较长，其检测设备如图 5.3 所示。

图 5.3　驾驶适宜性检测设备

**2. 驾驶适宜性检测评价要求**

目前，我国已经形成了较为完善的驾驶适宜性测评体系，依据交通运输行业标准《道路运输驾驶员 适宜性检测评价方法》（JT/T 442—2014），驾驶适宜性主要包括 9 项检测项目，即速度估计、选择反应、处置判断、动体视力、暗适应、深度知觉、夜间视力、周边风险感知和紧急/连续紧急反应。

1）速度估计主要是用来检测驾驶员对速度的预估、预判能力，采用速度估计误差均值作为评价指标。

2）选择反应用来检测驾驶员在复杂情况下对各种刺激的反应能力，采用选择反应错误次数和反应时间变动率作为评价指标。

3）处置判断用来检测驾驶员注意分配能力和驾驶操作协调能力，采用处置判断错误次数作为评价指标。

4）动体视力是检测驾驶员在运动状态下的视力情况，采用标准对数视力均值作为评价指标。

5）暗适应是检测驾驶员眼睛受强光刺激后的视力变化和恢复情况，用暗适应时间作为评价指标。

6）深度知觉用来检测驾驶员对立体空间的感知能力，采用深度知觉判断误差均值作为评价指标。

7）夜间视力是检测驾驶员夜间视力的强弱，采用夜间视力等级作为评价指标。

8）周边风险感知是检测驾驶员行车过程中对周边存在风险的感知判断能力，采用周边风险感知中心手反应时间均值、周边风险感知中心手反应错误次数、周边风险感知周边脚反应时间均值、周边风险感知周边脚反应错误次数作为评价指标。

9）紧急/连续紧急反应是检测驾驶员在紧急情况下的反应应变能力，采用紧急反应时间变动率和连续紧急反应时间极差值作为评价指标。

单项的评价指标只能反映驾驶员某一心理、生理特征对驾驶的适宜程度，驾驶员的驾驶适宜性需要对所有指标进行综合评判。因此，交通运输行业标准明确了驾驶员驾驶适宜性综合评价模型，且根据综合指标的优劣程度，将驾驶适宜性分为 A、B、C、D 四级。标准规定对驾驶适宜性综合评价为 C 或 D 的驾驶员，建议道路运输企业不宜聘其为道路运输驾驶员。

3. 驾驶适宜性应用现状

由于我国驾驶适宜性的研究、设备开发起步较晚，目前我国道路运输行业对驾驶适宜性的检测应用并无强制要求，江苏、福建等部分安全管理规范的道路旅客运输企业积极引用相应的适宜性检测设备，在旅客运输驾驶员的聘用和继续教育中开展检测，作为其聘用和培训的依据，从而降低企业安全运营风险，提升企业道路运输安全水平。

　　汽车试验领域也可以开展相关研究，对适合汽车试验驾驶的人员进行筛选，规避不适宜的驾驶人员进入行业，以提升试验质量和安全。

## 5.2　汽车试验驾驶员技能要求新领域

### 5.2.1　汽车台架试验驾驶

　　每个消费者在买车时，都会比较关注车辆的油耗和尾气排放情况，因为这不仅在很大程度上决定着日后的用车成本，还与节能降耗和环境保护密切相关。新车说明书上有关油耗和尾气排放的相关数据，都必须经过专业检测机构的严格测试才能得出。而这些测试，都是由经验丰富、驾驶技能突出的专业驾驶员在实验室里完成的。汽车整车室内台架试验的内容十分丰富，可以开展汽车动力性、经济性、噪声、环境、可靠性与耐久性等试验，根据试验内容和要求的不同，在室内构建与之相应的测试环境，补充相应的传感器，由相应试验员或驾驶员操作车辆或仪器即可完成试验。注意有些台架试验需要较高能力的驾驶员或试验员去完成，如图 5.4 所示。

图 5.4　汽车台架试验

比如汽车排放试验，按照 GB 18352.6—2016《轻型汽车污染物排放限值及测量方法（中国第六阶段）》、GB/T 19233—2020《轻型汽车燃料消耗量试验方法》、GB/T 19753—2021《轻型混合动力电动汽车能量消耗量试验方法》等国标的测试要求，驾驶员必须严格按照规定的曲线控制车速，才能确保检测结果精准有效。按照要求，在 1800s 的测试过程中，速度控制上，实际车速与目标车速之间在前后 1s 之内不能有超过 ±2km/h 的误差；而时间上，超过 1s 的误差不能多于 10 次。可以说，这个岗位对驾驶精度有着近乎苛刻的要求。同样针对该类要求苛刻的室内台架试验仍有很多，比如气囊误用试验等都对驾驶员和试验员有着较高的试验能力要求，但目前行业未针对台架试验驾驶员或试验员制定统一标准或规定，值得我们进行关注。

## 5.2.2 智能网联汽车

智能网联汽车是搭载先进的车载传感器、控制器、执行器等装置，并融合现代通信与网络技术，实现车与 X（人、车、路、云端等）智能信息交换、共享，具备复杂环境感知、智能决策、协同控制等功能，可实现"安全、高效、舒适、节能"行驶，并最终可实现替代人来操作的新一代汽车，如图 5.5 所示。

图 5.5　智能网联汽车

针对智能网联汽车，我国近年来密集推出多项行动计划或发展战略。国务院各部委相继出台政策，从自动驾驶道路测试、芯片、通信、道路配套等方面提出了发展战略及政策。汽车、交通、信息等行业的骨干企业、科研院所及高校等也在积极开展智能网联汽车研发应用，关于智能网联汽车的上游相关技术，如 5G、云计算、智能芯片、卫星、AI 算法等逐步成熟，为车联网、高阶自动驾驶逐步落地提供了技术及产业链支撑。随着新技术的不断发展，传统市场进入了新的挑战者，以特斯拉、谷歌 Waymo、百度 Apollo 等为代表的互联网造车厂商，在产品设计理念、汽车电子架构技术和软件开发等方面，对传统主机厂形成颠覆式冲击。

智能网联汽车以电动化为基础，通过网联化实现大数据收集，最终实现智能化共享出行。智能网联汽车的核心是自动驾驶技术，国家市场监督管理总局于 2022 年 3 月实施《汽车驾驶自动化分级》国家标准，明确自动驾驶从 L0 到 L5 共分为 6 级。在实际的开发中，各车厂逐步实现从 L0 应急辅助向 L5 完全自动驾驶进阶落地。智能网联汽车通过车联网可实现车与车（V2V）、车与路（V2R）、车与互联网（V2I）、车与行人（V2P）之间的通信和反馈，使车辆具备提前预警、周边对象感知、行车环境监测等功能，并在危急情况下主动控制执行端进行紧急制动，加强行车安全（图 5.6）。

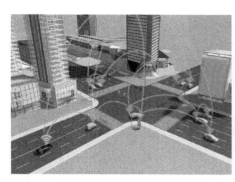

图 5.6　智能网联汽车信息交互

1. 智能网联汽车测试

为促进自动驾驶技术发展和应用，工业和信息化部、交通运输部及公安部联合起草了《智能网联汽车道路测试与示范应用管理规范》。从技术角度而言，实现基本的自动驾驶功能相对简单，但自动驾驶功能完善则需要以大量的场景输入作为基础的持续演进和迭代。为保障车辆在复杂的道路交通环境中安全、可靠行驶，需要通过模拟测试、实验室或封闭场地测试和实际道路测试等分步式、有计划综合手段进行大量测试与验证（图5.7）。

图5.7　智能网联汽车试验测试

（1）虚拟仿真测试

虚拟仿真测试是加速自动驾驶研发过程和保证安全的核心环节，需要先进行虚拟仿真测试；测评车型选定后，根据是否具备仿真测试条件，进行虚拟仿真测试或者审核，按照流程开展验证全部声明的ODD和自动驾驶功能；最后进行综合评价（图5.8）。

图5.8　智能网联汽车虚拟仿真测试

（2）封闭场地测试

在道路测试前，需要在封闭区（场）实车测试并符合相应标准或规范，应由国家或省市认可的从事第三方检测机构完成（图 5.9）。

图 5.9　智能网联汽车封闭场地测试

封闭场地测试可围绕五大应用场景建设：高速/环路、市内运行、城际/郊区、泊车/取车、封闭园区，其中高速/环路为封闭道路，城际/郊区为半封闭道路。不同的应用场景具有对应的测试方法和评价方法。测试内容需包括交通信号识别及响应、道路障碍物识别及响应、前方车辆行驶状态及响应、动态驾驶任务干预及接管、风险减缓策略、自动紧急避险、网联通信与定位，同时还应检测智能网联汽车自动驾驶功能设计运行范围涉及的项目。

（3）道路测试

智能网联汽车道路运行安全测试是智能网联汽车必须完成的基本安全测试，在充分进行封闭场地测试后，智能网联汽车需要在公共道路、半开放道路等测试环境中开展测试工作，进一步验证综合性能，以达到保障车辆运行安全能力的目的。2018 年《智能网联汽车道路测试管理规范（试行）》发布以来，北京、上海、重庆、长沙等部分城市率先将部分道路设为智能网联汽车测试道路，越来越多的城市紧随其后规划开放本地区的智能网联汽车测试道路，截至 2023 年底，全国已开放智能网联汽车测试道路超过 22000km，道路测试总里程超过 8800 万 km（图 5.10）。

图 5.10 智能网联汽车实际道路测试

2. 智能网联汽车新试验技术

（1）低速自动驾驶（LSAD）系统试验

自动驾驶系统的发展使人员、货物和服务运输方式发生了转变，其中一种新的运输方式即低速自动驾驶（LSAD）系统，它可在预定的路线上运行（图 5.11）。近期，ISO 发布了首个 L4 级自动驾驶系统国际安全标准 ISO 22737，针对对象就是 LSAD 系统，由 LSAD 系统驾驶的车辆（可以包括与基础设施的互动）可以有很多潜在的好处，比如提供安全、方便和经济的流动性，减少城市拥堵。它还可以为无法驾驶的人提供更多的流动性，LSAD 系统将被用于最后一公里的运输、商业区的运输、商业或大学校园区以及其他低速环境的应用。该标准规定了 LSAD 系统的最低安全性和性能要求，后续针对此类技术开发、检测性试验需求将增大。

图 5.11 汽车测试设备

（2）安全辅助避撞系统试验

随着消费者对车辆安全的理解和需求不断提升，ADAS 技术的开发与应用也就成为汽车企业市场竞争力的重要筹码，能够让更多汽车搭载更加有效减少伤亡的安全系统，也更具有现实和普世意义。此时，除了研究 ADAS 的新功能和算法，保证 ADAS 功能在整车环境的可靠与稳定已成为其开发最大的难点。只有通过完善的 ADAS 测试技术，才能够尽早在研发阶段发现问题，挖掘 ADAS 隐藏的功能缺陷及不合理之处，才能够保证 ADAS 技术应用的功能完整性及有效性，从而确保产品在炙手可热的市场中的核心竞争力。目前，国际化标准组织以及 Euro NCAP 均对自适应巡航控制（ACC）、车道偏离预警（LDW）系统指定了实车测试的典型工况及要求，并且 Euro NCAP 对此有详细的评估准则与星级评分。此外还将自动紧急制动系统（AEB）纳入体系，并且指定了实测测试的典型工况及评价标准。因此，安全辅助避撞系统试验重要性显而易见（图 5.12）。与评估被动安全在发生碰撞时提供的保护不同，安全辅助防撞功能的评估不需要对车辆进行破坏性测试。

图 5.12　安全辅助避撞系统试验

（3）自适应巡航控制系统试验方法及性能要求

在配备基本巡航控制系统的车辆中，驾驶员只需一个按钮即可激活该系统。即使他随后将脚从加速踏板上移开，车辆仍会继续以指定的速度行驶，尤其是在长路上以恒定速度行驶时。因为在宽阔的高速公路上行驶时，驾驶员不需要过多地加减速。基本巡航控制系统的唯一任务是使车辆保持恒定速度，但所有控制、制动和转向，仍然掌握在驾驶员手中（图5.13）。

图5.13　自适应巡航控制系统试验

自适应巡航控制系统为基本巡航控制系统的升级版，其技术被广泛认为是智能汽车的关键组件。可通过控制本车发动机、传动系统或制动器实现车辆之间的最佳间隔并减少驾驶员失误来影响驾驶员的安全性和便利性，以及增加道路通行能力。根据SAE International的定义，具有自动巡航控制功能的车辆被视为1级自动驾驶汽车。当与其他驾驶员辅助功能（例如车道居中）组合使用时，该车辆被视为2级自动驾驶汽车。根据ISO 15622内容所述，其检测项目主要包括探测距离试验、目标识别能力试验和曲线功能试验等。

（4）智能泊车辅助系统性能要求及试验方法

智能泊车辅助系统是在车辆泊车时，自动检测泊车空间并为驾驶员提供泊车指示和/或方向控制等辅助功能的系统。泊车辅助系统是汽车主动防撞系统在低速和城市复杂环境下的一个重要应用，也是汽车主动防撞系统的智能化具体体现。其发展是由简单的辅助到综合的全自动泊车，它们的目的都是要帮助车主在拥挤的停车场轻松入位。泊车辅助系统通过安装在车身上的摄像头、超声波传感器以及红外传感器来探测停车位置，绘制停车地图，并实时动态规划泊车路径，将汽车指引或者直接操控方向盘驶入停车位置（图5.14）。

GB/T 41630—2022《智能泊车辅助系统性能要求及试验方法》于2023年2

图 5.14　智能泊车辅助系统性能试验

月 1 日起实施,试验项目包括系统自检、系统状态转换及信息提示、电磁兼容、停车位置搜索、泊车辅助试验等。

3. 智能网联汽车驾驶员及相关试验要求

驾驶员(安全员)是智能网联汽车测试和运营的最后一道防线,为保证测试过程的安全,对智能网联车辆的驾驶员(安全员)提出了多方面的要求,驾驶员(安全员)需要具备一定的专业知识和技能,对测试规程的熟悉程度、对自动驾驶测试操作方法的掌握深度、是否具备紧急状态下的应急处置能力,对于研发、测试和运营的安全甚至行业安全,有着重大的现实意义。测试驾驶员作为新兴行业的新型岗位,需要明确相关机构如何去培训、管理和评价。同时,我国的车路协同技术领先全球,相关检测人员应如何能够利用先进的无线通信和互联网技术实施信息交互,从而开展车辆控制和道路协同管理测试,都是需要考虑的问题。

测试驾驶员定义:测试驾驶员是指经测试主体授权,负责道路测试或示范应用并在出现紧急情况时对车辆实施应急措施的驾驶员。

(1) 理论知识要求

1) 测试驾驶员应掌握自动驾驶技术发展史、自动驾驶分级标准、自动驾驶操作系统、自动驾驶测试规程等相关知识。

2）测试驾驶员应掌握自动驾驶车辆整体架构、环境感知技术、高精地图与高精定位技术、规划与决策系统、车路协同系统等基础理论知识。

（2）专业技能要求

1）应掌握正确对传感系统、计算系统、导航系统等自动驾驶设备进行检查的技能，以及对车辆常规状态进行检查的技能。

2）应掌握规范操作车辆操纵装置的技能。

3）应掌握规范操作车辆的自动驾驶软、硬件系统的技能。

4）应掌握一般道路条件下进行起步、变更车道、会车、超车、掉头和停车等场景下的安全驾驶技能。

5）应掌握自动驾驶车辆在自动驾驶状态下，自动驾驶系统出现故障、发出警告提醒、面临碰撞事故风险等突发危急情形时，紧急接管并操控测试车辆进行安全处置的技能。

6）应掌握自动驾驶车辆从自动驾驶状态转入人工驾驶状态的基本接管方法。

7）应掌握自动驾驶车辆解除自动驾驶状态的应急设备的使用方法。

8）应掌握自动驾驶系统发生故障等紧急状态时的基本表现方式和警告提醒形式。

9）应掌握在面临碰撞事故风险的情况下，通过控制车辆制动系统降低车速、保持安全车距，接管测试车辆转入人工驾驶状态的方法，以防碰撞事故的发生。

10）应掌握在面临碰撞事故风险的情况下，通过控制车辆加速系统提升车速、保持安全车距，接管测试车辆转入人工驾驶状态的方法，以防碰撞事故的发生。

11）应掌握在面临碰撞事故风险的情况下，通过控制车辆制动及转向系统，降低车速、保持安全车距，接管测试车辆转入人工驾驶状态的方法，以防碰撞事故的发生。

12）应掌握在面临碰撞事故风险的情况下，通过控制车辆节气门及转向系统，提升车速、保持安全车距，接管测试车辆转入人工驾驶状态的方法，以防碰撞事故的发生。

下面列举部分紧急制动辅助系统（AEBS）试验场景及驾驶员技能要求：

（1）前车静止测试 CCRs

目标物为前方静止车辆的商用车低速 AEBS 测试场景，主要是为了验证测试车辆在常见的市区行驶场景中功能是否正常，因此该场景被国内外的强制检验标准都纳入其中。测试商用车满载，与目标车辆相距 150m，并且保持车速为 40km/h 或 80km/h 做直线运动，达到 CCRs 测试开始的条件。图 5.15 所示为 CCRs 场景示意图，图 5.16 所示为 CCRs 实测试验结束状态。

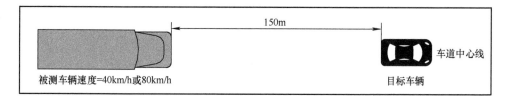

图 5.15　CCRs 场景示意图

图 5.16　CCRs 实测试验结束状态

试验过程要求试验测试驾驶员从起始点出发，到 AEBS 触发报警前保证被测车辆车速达到 40km/h 或 80km/h，并保持在 40km/h 或 80km/h，车速误差控制在 ±2km/h，并且沿直线行驶；测试开始后，自车与目标车辆的中心线的偏差不超过自车宽度的 ±20%。试验驾驶员技能要求如下：

1）良好的驾驶技能、车速保持技能和直线行驶技能。

2）强大的心理素质，某些情况下当被测车辆与前方车辆距离相当近时，AEBS 才能触发制动功能，这期间驾驶员不能人为干预制动系统。

3）应急处理技能，当 AEBS 不触发时，需要驾驶员及时人为干预制动。

（2）前车低速测试 CCRm

前车以较低的速度匀速行驶场景在 JT/T 1242—2019《营运车辆自动紧急制动系统性能要求和测试规程》和 Euro NCAP 中都能找到商用车强制检验的相关场景，此场景在商用车日常行车中较为常见，描述的是城际高速场景中测试商用车以 80km/h 的车速接近前向以 12km/h 的车速行驶的测试假车。CCRm 场景示意图如图 5.17 所示。由于目标车辆一直会保持匀速直线行驶，因此 CCRm 场景测试结束时刻并不是停止状态，而是速度降至与目标车辆一致。此时测试商用车和目标车辆的相对速度为零，TTC 计算值接近无穷大，AEBS 自动退出。CCRm 实测试验结束状态如图 5.18 所示。

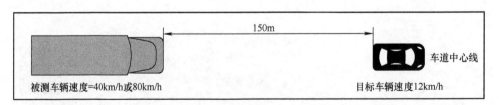

图 5.17　CCRm 场景示意图

试验过程要求试验测试驾驶员从起始点出发，到 AEBS 触发报警前保证被测车辆车速达到 80km/h，并保持在 80km/h，车速误差控制在 ±2km/h，并且沿直线行驶；测试开始后，自车与目标车辆的中心线的偏差不超过自车宽度的 ±20%。

图 5.18　CCRm 实测试验结束状态

试验驾驶员技能要求如下：

　　1）良好的驾驶技能、车速保持技能和直线行驶技能。

　　2）驾驶员之间默契度配合。

　　3）强大的心理素质，某些情况下当被测车辆与前方车辆距离相当近时，AEBS 才能触发制动功能，这期间驾驶员不能人为干预制动系统。

　　4）应急处理技能，当 AEBS 不触发时，需要驾驶员及时人为干预制动。

　　（3）弯道横向目标识别测试

　　该测试在曲率半径为 250m 或者 150m 的弯道上进行，当曲率半径为 250m 时，被测车辆、相邻车道前车和目标车辆均以不低于 50k/h 的速度同向行驶；曲率半径为 150m 时，被测车辆、相邻车道前车和目标车辆均以不低于 40km/h 的速度同向行驶，场景示意图如图 5.19 所示，实测试验结果如图 5.20 所示。

　　试验过程要求试验测试驾驶员从起始点出发，到 AEBS 触发报警前保证被测车辆车速达到 50km/h，并保持在 50km/h，三台车的车速误差控制在 ±3km/h。被测车辆从试验开始到结束，车速误差控制在 ±3km/h。试验驾驶员技能要求如下：

　　1）良好的驾驶技能、车速保持技能和直线行驶技能。

　　2）三个驾驶员之间默契度配合及试验过程中的沟通能力。

　　3）强大的心理素质。某些情况下当被测车辆与前方车辆距离相当近时，

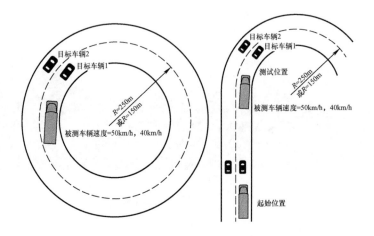

图 5.19 弯道横向目标识别测试场景示意图

图 5.20 弯道横向目标识别实测试验结果

AEBS 才能触发制动功能,这期间驾驶员不能人为干预制动系统。

4)应急处理技能,当 AEBS 不触发时,需要驾驶员及时人为干预制动。

### 5.2.3 新能源汽车

新能源汽车(图 5.21)是指采用非常规化石燃料作为动力源,结合动力控制技术以及驱动技术,组成新动力、新技术、新构造的汽车,主要包括纯电动汽车、混合动力汽车和燃料电池汽车等。截至 2023 年底,全国新能源汽车保有量达 2041 万辆，占汽车总量的 6.07%；其中纯电动汽车保有量 1552 万辆，占新能源汽车保有量的 76.04%。2023 年新注册登记新能源汽车 743 万辆，占新注册登记汽车数量的 30.25%，与 2022 年相比增加 207 万辆，增长 38.76%，从 2019 年的 120 万辆到 2023 年的 743 万辆，呈高速增长态势。《新能源汽车产业发展规划（2021—2035 年）》《综合运输服务"十四五"发展规划》要求，到 2025 年力争城市公交、出租汽车、物流配送车辆中新能源车辆占比分别达到 72%、35%、20%。

图 5.21　新能源汽车

随着新能源汽车的快速发展，新能源汽车检测需求十分旺盛，尤其是以电机、电池为代表的零部件及整车急需开展各种法规试验或匹配验证试验。新能源汽车动力系统测试方面涉及研发、制造等多个环节，按试验对象不同，可分为整车检验、研发试验和其他零部件试验，包括电动汽车安全要求、电动汽车非车载传导式充电机与电池管理系统之间的通信协议试验、电动汽车电磁兼容性（EMC）试验、电动汽车涉水与浸泡试验、通信协议及数据格式试验、电动汽车能量消耗率和续驶里程试验等；综合测试项目包括性能测试、耐久测试、道路模拟测试、环境模拟测试、下线测试等。

其中，电动汽车充电系统信息安全技术该试验主要对车载充电系统与充电设施（包含充电桩、充电站及其他）、车载充电系统与直连车身模块的数据和数据传输安全进行了规范，防护车内充电系统面临的充电数据被窃取、个人隐私泄露和车内数据被窃取等风险，适用于电动汽车充电系统车内系统信息安全的防护设计、开发、测试和评估。试验项目主要包括车内充电系统信息安全的硬件安全、软件安全、数据安全和通信安全四部分，其中通信安全涉及车内通信安全和车辆对外通信安全。

随着我国工业化、信息化、城镇化、农业现代化的持续推进和深入发展，我国新能源汽车行业已经形成了从原材料供应、关键零部件研发生产、整车设计制造，以及充电基础设施的配套建设等完整的产业链，全球新能源汽车产业链正在向我国转移，我国的新能源汽车产业还将继续保持增长态势并不断加强动力性、经济性、安全性、可靠性等技术领域的投入。为了适应各种新结构、新技术在新能源汽车上的应用，将围绕新能源汽车的混合动力、纯电动动力、氢燃料电池动力、储能技术等先进节能环保动力系统发展测试技术（图 5.22）。随着新能源汽车的驾控性能、续航能力持续提升，以及自动驾驶技术、智能网联技术不断成熟，各项性能测试的测试参数、测试手段和测试内容将不断增加并进一步向电子化、信息化、智能化、集成化方向发展。

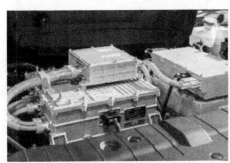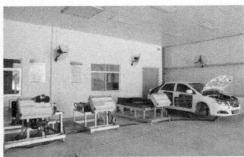

图 5.22　新能源汽车测试

但是，纵观我国新能源车产业的发展，产业技术服务体系尚不完善。就中部地区来看，现有的汽车研究、测试机构多注重于传统汽车或零部件的检测与研究，第三方的新能源汽车产品检测和开发验证的平台已有布局，但能力尚未完全建成。

# 第 6 章

# 案 例 分 析

## 6.1 试验安全案例

### 6.1.1 案例一

### 概 况

甲乙两车汽车试验驾驶员场地使用管理培训不到位、应急处置不当引发的试验安全事件——某操稳性能试验场地甲乙两车碰撞。

汽车试验场地是为了开展某类汽车性能测试而专门设计、建造的道路设施。随着汽车工业的快速发展和质量安全要求的不断提高，国内外许多大型汽车企业、研究机构、测试单位等陆续建造了功能不一、规模不同、服务对象各异的汽车试验场地。为了确保试验安全，一方面要严格落实试验场设计建造及维护标准规范，以确保工程质量和试验道路设施的合规性，为汽车试验提供性能稳定、可靠的条件保障；另一方面须有一套科学、配套、严谨的场地使用管理制度文件并严格执行，以确保场地试验的安全和较高的场地利用率；再一方面就是汽车试验驾驶员要具备充分的应急情况处置能力和资源保障，接受有针对性的培训、考核并有效掌握应急解决方案。如果汽车试验驾驶员安全意识淡薄、对试验场地环境不熟悉、驾驶技能水平低，就存在相应的安全隐患，可能会引发各类险情，甚至造成严重后果。

1. 事件基本情况

2019 年，A 单位汽车试验驾驶员 L 某和 B 单位汽车试验驾驶员 N 某在 C 汽车试验场同时进行各自单位的汽车性能试验。当时，A 单位汽车试验驾驶员 L 某进行的是车辆智能网联工况试验，B 单位汽车试验驾驶员 N 某进行的是汽车操纵稳定性试验，按照 C 汽车试验场的场地使用管理规定，两辆试验车辆共用操稳广场。两台试验车辆在试验过程中发生碰撞事故，造成 A 单位车辆左侧主驾驶及后排车门损坏变形，左后翼子板变形，右后车轮脱离轮毂损坏；B 单位车辆右侧翼子板及保险杠损坏变形，右轮悬挂变形，B 单位汽车试验驾驶员 N 某双手手背软组织挫伤。事件现场如图 6.1 所示。

图 6.1　事件现场

2. 事件原因及相关问题

经过事件现场责任研判认为，事件原因包括：一是 A 单位汽车试验驾驶员不了解场地运行规则，不熟悉场地路线，造成其试验路线与 B 单位试验区域干涉；二是 B 单位汽车试验驾驶员在试验过程中未充分瞭望，发现有车辆非正常驶入试验区域后未及时采取制动、避让等可能避免事故发生的有效措施。

3. 事件原因分析

经过溯源分析发现，此事件发生的原因主要是由于 A、B 两单位的汽车试验驾驶员人为因素，以及相关管理因素等。

首先是针对汽车试验驾驶员的培训不到位。A 单位汽车试验驾驶员不熟悉场地环境、不了解场地运行规则，不具备试验过程中可能出现其他车辆或紧急情况的风险辨识及应急处置能力；B 单位汽车试验驾驶员也不具备试验过程中可能出现其他车辆或紧急情况的风险辨识及应急处置能力。

其次是试验场的安全培训与运行管理部门职责落实不到位。一是培训考核与上岗制度执行不严，致使 A 单位汽车试验驾驶员未经过安全理论培训和现场实操培训就进入场地独自执行试验任务；二是培训内容与考评要求有缺陷，没有掌握有关多车辆共用场地的注意事项及避险技能；三是暴露出试验场的运行管理有漏洞，对场地使用尤其是存在多车辆共用场地、有路线干涉风险情况下驾驶人员的上岗资格把关不严。

4. 案例小结

该案例分析表明，试验安全是汽车试验检测的前提，尤其是在试验场内开展的性能测试评价更应如此。为了确保汽车试验检测安全及工作质量，须对汽车试验驾驶员的安全意识与驾驶操作水平提出要求并落实到位。**汽车试验驾驶员要充分熟悉场地状况、车辆状况和试验操作，并且具备出现紧急情况时正确操作车辆的能力**（标准条款号：5.2，表 3 的第 3、14 条要求，表 4 的第 1 条要求）。

应将汽车试验驾驶员划分不同级别，不同级别分别对应不同难度的试验项目，并且对不同级别的汽车试验驾驶员提出相应技能素质要求。不具备高级别技能素质的汽车试验驾驶员不应去进行有高风险、高难度操作要求的试验，汽车试验驾驶员经相应级别的技能测试和评价后才可上岗试验，只有这样才能在保障试验安全的前提下高质量完成预定的测试评价任务。

## 6.1.2　案例二

### 概　况

汽车试验驾驶员不能及时准确识别出试验安全风险，对相关安全防护措施的有效性确认工作不够重视，导致车辆倾翻、试验失败的试验安全事件——某汽车电子稳定控制系统（ESC）性能测试中因汽车试验驾驶员经验不足、防护装置选用不当导致车辆倾翻、试验终止。

ESC 是车辆新型的主动安全系统，是汽车防抱死制动系统（ABS）和牵引力控制系统（TCS）功能的进一步扩展，并在此基础上，增加了车辆转向行驶时横摆率传感器、侧向加速度传感器和方向盘转角传感器，通过 ECU 控制前后、左右车轮的驱动力和制动力，确保车辆行驶的侧向稳定性。这套系统主要对车辆纵向和横向稳定性进行控制，保证车辆按照汽车试验驾驶员的意识行驶。该系统在保证车辆横向稳定性方面体现在当系统通过转角传感器、横向加速度传感器及轮速传感器的信号发现车辆发生了转向不足或过度时，系统会控制单个或多个车轮进行制动，来调整汽车变换车道或在通过弯道时的车身姿态，使汽车在变换车道或是通过弯道时能够更加平稳和安全。

车辆装备符合要求的 ESC 系统后，可大幅降低弯道侧滑、转向不足情况下引发的交通事故，ESC 系统是截至目前最为有效的主动安全装备，在减少交通事故方面具有显著作用，越来越多的汽车制造商开始将 ESC 作为车辆标准配置。2014 年 12 月 31 日发布、实施的 GB/T 30677—2014《轻型汽车电子稳定性控制系统性能要求及试验方法》规定了轻型汽车电子稳定性控制系统的性能要求和试验方法，适用于最大设计总质量不大于 3500kg 的 M 类和 N 类车辆的电子稳定性控制系统；最大设计总质量在 3500kg 以上但不大于 5000kg 的 M 类和 N 类车辆可参照执行。JT/T 1094—2016《营运客车安全技术要求》的规范性附录 A（营运客车电子稳定性控制系统性能要求及试验方法）则对最大设计总质量大于3500kg 的商用车辆 ESC 性能测试评价工作予以明确规定。

目前，交通运输部已将客货车辆的 ESC 安装使用要求纳入营运车辆技术管理体系中予以强制监管实施。

1. 事件基本情况

2019 年，F 单位某汽车试验驾驶员正在 H 汽车试验场进行某型乘用车的ESC 试验，当试验过程中已经出现车轮离地、车辆弹跳的现象时，汽车试验驾驶员未能果断终止试验，在进行后续试验过程中防翻支架断裂，导致车辆倾翻事故发生，事件现场如图 6.2 所示。

图 6.2　事件现场

2. 事件原因及相关问题

通过试验过程分析和现场调查了解后认为，此试验事故的出现主要是由汽车试验驾驶员未能及时控制车速、终止试验的人为因素和防侧翻装置失效的客观因素等综合所致。一般情况下，汽车试验驾驶员在发觉试验车辆出现了某侧车轮离地或弹跳等症状后应立即采取减速等措施避免事态严重，如不能及时发现、采取措施，事先安装的防侧翻装置也会发挥作用防止车辆倾翻。该试验安全事故的发生恰是这两方面同时出现问题所致。

3. 事件原因分析

按照标准规定的试验要求和相关作业文件规定，一方面，当试验过程中出现临界特征时，汽车试验驾驶员应当能够敏锐察觉、识别出安全风险，并及时果断采取措施以确保试验安全和测试结果的获取；另一方面，开展 ESC 这类高难度、高风险测试项目前，应对相应的安全防护措施进行充分的技术论证和确认，包括防护设施设备的质量性能及其安装使用的有效性等。显然这两方面都出现了问题。试验现场实际了解到，一是汽车试验驾驶员心存侥幸，认为有防翻支架的辅助车辆不会发生倾翻，在明知车辆状态不稳定情况下，依然进行试验；二是 F 单位以及该汽车试验驾驶员在防翻支架的选用和安装过程中，未能有效确认防翻支架的强度和安装质量。

分析研究后认为此安全事件发生的深层次起因主要包括：一是针对汽车试验驾驶员的技术培训不到位、高难度试验项目的风险识别与处置能力不足，试验安全防护装置的选用能力有待提升，上岗资格把关不严；二是 F 单位对于防翻支架选取、安装使用技术要求与培训工作等方面是否科学、有效、适用还需客观、充分地分析、确认。

4. 案例小结

工作人员的生命和财产安全是整个汽车试验检测工作的头等大事，须引起各级组织和相关人员的高度重视。无论是产品研发试验还是产品质量性能测试，都必须在对试验的各项操作要求、安全防护措施、应急处置方法等方面做好充分准备后才能付诸行动，切不可忽视安全、简化程序、降低要求，更不能违反规定、急功近利、盲目自信。试验检测单位应加强汽车试验驾驶员、试验员等各类人员的技能培训、考核与监督管理，尤其是**对高难度专项试验项目中汽车试验驾驶员的车辆极限状态感知和操控能力等开展高级别驾驶培训、考核合格后方可上岗**；同时要完善相关的技术管理要求、提高技术能力，**加强对相关仪**

器设备及安全防护设备设施的性能质量确认和使用管理，确保安全及风险防控措施的有效性。只有高水平的安全与质量管理才能实现高质量的检测活动，才能提供准确可靠的试验检测结果（标准条款号：表3的第3、7、14条要求，表4的第1、4、5条要求）。

### 6.1.3 案例三

## 概 况

G单位驾驶员安全意识薄弱，超速行驶，造成车辆侧支架与防护设施刮蹭的试验安全事件。

1. 事件基本情况

2022年3月3日，G单位试验驾驶员B某在乙单位试验场地做操纵稳定性试验时，以65km/h的速度进入南环岛（限速60km/h），车辆行驶在内侧道路，因车速过快，致使车辆向外侧移动，驾驶员B某为避免外侧支架刮蹭外围护栏，向内修正方向，未把握内侧支架与护栏之间的距离，造成试验车辆内侧支架与护栏刮蹭，致使护栏立柱移位，并产生一处凹陷，护栏连接板开裂；防侧倾支架连接板开裂，侧防护装置严重变形。事件现场如图6.3所示。

图6.3 事件现场

2. 事件原因及相关问题

经过事件现场责任研判认为，事件原因包括：一是 G 单位驾驶员 B 某超速行驶，导致支架刮蹭护栏的风险；二是 B 某在试验过程中未充分观察，未把握支架与护栏之间的距离，造成试验车辆支架与护栏刮蹭。

3. 事件原因分析

经过溯源分析发现，此事件发生的原因主要是试验驾驶员人为因素。

驾驶员安全意识薄弱，不遵守场地道路规则，在南环岛超速行驶，未按照场地道路规则行驶。

4. 案例小结

该案例分析表明，试验安全是汽车试验检测的前提，尤其是在试验场内开展的性能测试评价更应如此。为了确保汽车试验检测安全及工作质量，须对汽车试验驾驶员的安全意识与驾驶操作水平提出要求并落实到位。汽车试验驾驶员要进一步提升安全意识，**严格按照道路行车规则进行驾驶试验，充分熟悉场地状况、车辆状况和试验操作，并且具备出现紧急情况时正确操作车辆的能力**（标准条款号：5.4，表3的第3、7、14条要求，表4的第1条要求）。

## 6.2 试验质量案例

### 6.2.1 案例一

#### 概　况

汽车试验驾驶员不能熟练掌握标准规定的试验操作或驾驶水平不达标，导致试验数据采集不完整、结果不准确引发的试验质量事件——某货车操稳性能的蛇行试验中驾驶操作不规范导致测试结果不可信。

汽车操纵稳定性，是指在汽车试验驾驶员不感觉过分紧张、疲劳的条件下，汽车能按照试验驾驶员通过转向系统及转向车轮给定的方向（直线或转弯）行驶；且当受到外界干扰（路不平、侧风、货物或乘客偏载）时，汽车能抵抗干扰而保持稳定行驶的性能。汽车的操纵稳定性不仅影响到汽车驾驶的操纵方便程度，而且也是决定高速汽车安全行驶的一个主要性能，因此也被称为"高速车辆的生命线"。

GB/T 6323—2014《汽车操纵稳定性试验方法》规定了汽车操纵稳定性蛇行试验方法、转向瞬态响应试验方法（转向盘转角阶跃输入、转向盘转角脉冲输入）、转向回正性能试验方法、转向轻便性试验方法、稳态回转试验方法、转向盘中心区操纵稳定性试验方法。其中，蛇行试验的目的是考察车辆的瞬态行驶稳定性，对于评价车辆变道、超车工况的行驶稳定性能意义重大。该标准对货车的试验条件及方法规定主要包括：N1 类车型的对应的标桩间距为 30m，基准车速为 65km/h；N2 类车型的对应的标桩间距为 30m，基准车速为 50km/h；总质量小于或等于 15t 的 N3 类车型对应的标桩间距为 50m，基准车速为 60km/h；总质量大于 15t 的 N3 类车型对应的标桩间距为 50m，基准车速为 50km/h。首次试验时，试验车速为基准车速的二分之一并四舍五入为 10 的整数倍，以该车速稳定直线行驶，在进入试验区段之前，记录各测量变量的零线，然后按图所示路线蛇行通过试验路段，同时记录各测量变量的时间历程曲线及通过有效标桩间距的时间；逐步提高试验车速（车速间隔自行选择），重复上述试验过程，共进行 10 次（撞到标桩的次数不计在内），最高车速不超过 80km/h。QC/T 480—1999《汽车操纵稳定性指标限值与评价方法》规定了蛇行试验的评价指标：平均横摆角速度峰值和平均转向盘转角峰值的下限值与上限值，以及综合计分方式。由于平均转向盘转角峰值主要与转向盘速比相关，与车辆行驶稳定性相关性不大，因此从方便评价起见，实际上可仅执行平均横摆角速度峰值满足下限值的要求。

目前我国汽车行业实际发展中，乘用车新车定型试验规程对汽车操纵稳定性相关项目有测试要求，乘用车主机厂在车型研发时也将蛇行试验等主要性能参数作为基础测试项目，但客货车企业及产品对操纵稳定性的重视程度不够，不仅新车定型试验规程中未要求蛇行试验项目，主机厂在产品开发、工程验证时也大多未开展相关试验。考虑到营运客货车日常运营时行驶速度较快、路况及环境较为复杂，变道超车等驾驶行为也较频繁，在道路交通运输安全管理中扮演着重要角色而备受关注。因此交通运输部近年来已将客货车辆的操纵稳定性能指标纳入营运车辆技术管理体系中予以强制监管实施。

### 1. 事件基本情况

2019 年 D 单位汽车试验驾驶员 S 某在 E 汽车试验场进行营运货车满载蛇行试验，如图 6.4 所示。

图 6.4　营运货车满载蛇形试验

该车总质量 11995kg，对应的标桩间距为 50m，基准车速为 60km/h，标准要求基准车速下的平均横摆角速度下限值为 10°/s。B 某以 30km/h 的初始车速开始试验，以 5km/h 为间距逐步提高车速，共进行 10 次试验，直到车速达到 75km/h 终止试验。图 6.5 是 S 某在基准车速下的蛇行试验中采集的横摆角速度数据。该组数据曲线不够均匀平滑，本应出现 6 个波峰，但是却出现了 8 个，并且在波峰处数据波动很大。客观地讲，按照相关标准要求无法依据此试验数据对车辆操稳性能给出准确评价。

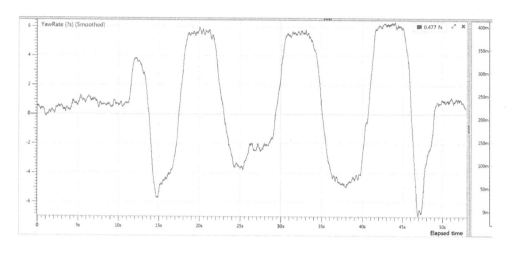

图 6.5　S 某在基准车速下的蛇行试验中采集的横摆角速度

### 2. 事件原因及相关问题

经试验数据分析和试验现场了解后认为，出现此试验结果的直接原因是由于汽车试验驾驶员在试验时没有按照操作规程要求连续匀速地转动方向盘，并且在进出试验区域和绕过标桩时错误地调整了方向盘角度，因此用这组数据来计算平均横摆角速度，并不能得到准确有效的试验结果，无法判定车辆是否满足标准要求。如果试验人员使用此数据进行车辆性能评价，将导致结果不准确、结论可能错误；如果经过分析后发现问题重新试验，将大幅增加工作量和试验成本。

### 3. 事件原因分析

对照技术标准及作业文件的相关要求进行比分析，并通过对整个试验过程进行调查研究，发现此质量事件发生的原因主要是汽车试验驾驶员人为因素，是针对汽车试验驾驶员的技术培训不到位、上岗资格把关不严导致。

诸如汽车操纵稳定性等操作要求较高的试验项目、标准及相关的作业文件，都会对试验过程中行车路线的设定、方向盘操控方法、速度控制精度、车辆运行安全状态识别、异常情况处置等具体操作予以明确规定，并据此对汽车试验驾驶员进行培训与上岗考核，满足要求后方可参与正式的试验活动。实际上该单位汽车试验驾驶员 S 某之前未经过系统的实车道路测试培训与考核评价，不熟悉具体的操稳性能试验操作要求，不具备开展此项目的试验驾驶资格。

4. 案例小结

试验检测结果的准确可靠是试验检测机构的宗旨和根本所在，而在影响汽车试验检测质量的人、机、料、法、环诸多因素中，汽车试验驾驶员的综合能力与水平直接关系到试验车辆能否在标准规定的条件下严格按照统一的评价方法得出真实、准确的性能参数数据及指标结果。该案例分析表明，试验全过程的质量控制是汽车试验检测工作的关键，尤其是对试验方法较为复杂、车辆操控要求较高的性能测试项目的实施更要引起足够的重视，**汽车试验驾驶员必须经过严格、规范、系统的技术培训，经考核、确认满足相应要求后方可开展试验工作**（标准条款号：表3的第10、13、20条要求，表4的第1、4条要求）。

## 6.2.2　案例二

### 概　况

汽车试验驾驶员未严格执行标准规定的试验车辆操作要求，导致试验数据采集不准确、报告结论不可靠引发的试验质量事件——某营运车辆燃料消耗量试验时，驾驶行为不规范、数据处理不认真导致测试报告失信。

为加强道路运输车辆节能降耗管理，根据《中华人民共和国节约能源法》和《中华人民共和国道路运输条例》，交通运输部于2009年6月22日公布《道路运输车辆燃料消耗量检测和监督管理办法》（中华人民共和国交通运输部令

2009 年第 11 号），自 2009 年 11 月 1 日起施行，道路运输管理机构自 2010 年 3 月 1 日起，在配发《道路运输证》时，应当将燃料消耗量作为必要指标予以核查。目前试验检测依据标准 JT/T 711—2016《营运客车燃料消耗量限值及测量方法》与 JT/T 719—2016《营运货车燃料消耗量限值及测量方法》于 2017 年 4 月 1 日实施。新修订标准在试验方法中增加了加速和怠速工况的燃料消耗量测试，使试验方法和结果更趋近于营运车辆实际运行中的燃料消耗量实际。标准中对于加速燃料消耗量试验的方法规定如下：

1）按车辆类型及其设计最高车速，选取 50km/h（或 60km/h）最大功率加速到终速度 70km/h（或 80km/h）作为车速的测量区间。车辆满载，手动变速器车辆应置于最高挡位或次高挡位（选取速比为 1 的挡位，如无该挡位，则选取速比最接近于 1 的挡位），自动变速器车辆应置于"D"位。加速前，车速应控制在 48 ~ 50km/h（或 58 ~ 60km/h）内保持匀速行驶至少 5s，快速将加速踏板踩到底，同时开始测量，在车速达到 70km/h（或 80km/h）测量结束，记录加速燃料消耗量、加速时间和距离、起始和终止速度等测量结果。

2）试验过程中起始速度和终速度与规定速度之差应分别在 − 2 ~ 0km/h 和 0 ~ 2km/h 范围之内。

3）加速试验应在测试路段上往返测量各两次。

4）试验结果应按 GB/T 12545.2—2001《商用车辆燃料消耗量试验方法》的规定进行重复性检验。

为确保标准实施效果，相关部门组织 18 家检测机构进行了该项目测试的实验室比对，在各单位高度重视、汽车试验驾驶员和试验员按标准要求规范驾驶、试验车辆性能稳定的情况下，在标准规定的速度范围内加速试验的速度 - 时间曲线趋近于线性，加速过程的平均速度趋近其加速范围中间值，测试结果高度集中、真实有效。所以说标准对于试验车辆的驾驶控制及数据选用要求十分明确、适用，应严格执行。

1. 事件基本情况

在申报材料技术审查中发现部分检测报告的加速工况燃料消耗量测试数据异常，结果存疑，经过调查分析后认定为试验质量事件。相关表现为：

1）起始和终止车速与标准要求不符。某样车检测报告中的 50~70km/h 加速工况燃料消耗量原始记录的测试数据，其中 2 次加速平均速度仅为 48.84km/h 和 51.00km/h，见表 6.1 中的试验 A。经验判定该组数据无效，不应纳入结果计算。

2）试验过程中加速踏板稳定性操作失误。某样车检测报告中的 60~80km/h 加速工况燃料消耗量原始记录的测试数据，其中部分原始记录数据手工计算出的加速工况平均速度接近或高于标准规定的加速终止速度限值，见表 6.1 中的试验 B。经验判定这些数据无效，不应纳入结果计算。

表 6.1　达标车型技术审查发现的存疑原始数据

| 数据来源 | 起始/终止车速/（km/h） | 加速时间/s | 加速距离/m | 燃料消耗量测量值/mL | 实测平均车速/（km/h） | 往返平均车速/（km/h） | 实测平均加速度/（m/s²） | 往返平均加速度/（m/s²） |
|---|---|---|---|---|---|---|---|---|
| 试验 A | 50~70 | 13.21 | 198.9 | 41.91 | 54.20 | | 1.14 | |
| | 50~70 | 13.42 | 190.1 | 42.15 | 51.00 | 51.73 | 1.06 | 1.06 |
| | 50~70 | 12.89 | 190.2 | 41.7 | 53.12 | | 1.14 | |
| | 50~70 | 14.61 | 198.2 | 42.09 | 48.84 | | 0.93 | |
| 试验 B | 59.3~80.5 | 16.6 | 356.1 | 123.2 | 77.23 | | 1.29 | |
| | 59.2~80.9 | 16.8 | 352.5 | 121.3 | 75.54 | 78.23 | 1.25 | 1.34 |
| | 59.8~80.7 | 16.2 | 349.1 | 120.8 | 77.58 | | 1.33 | |
| | 59.4~80.2 | 15.4 | 354.9 | 122.3 | 82.96 | | 1.50 | |

2. 事件原因及相关问题

通过达标车型试验监控系统的轨迹信息分析和试验单位相关人员调查了解到：试验 A 的现场速度-时间曲线如图 6.6 所示，加速试验前的车速控制不满足要求，多次试验重复性差。表 6.1 中数据选取、纳入计算问题出现的主要原因是汽车试验驾驶员在加速试验开始前未按标准要求保持5s稳定车速，且起始速度未在 −2 ~ 0km/h、终止速度未在 0 ~ 2km/h 范围内，导致试验仪器错误地记录了试验数据；另一方面则是试验员在试验过程、数据处理和报告编制等环节中未进行审查。

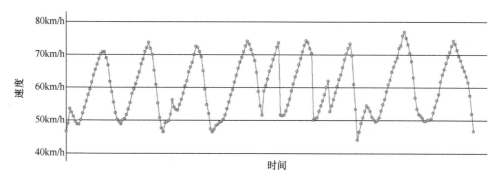

图6.6　试验 A 的现场速度－时间曲线

试验 B 的现场速度－时间曲线如图 6.7 所示，可以看出车速在波动较长时间后车辆才开始稳定加速，车速稳定和加速时机掌控不好。表 6.1 中数据选取、纳入计算问题出现的主要原因是汽车试验驾驶员在加速试验起始前加速踏板稳定性操作不熟练、加速试验中途加速踏板控制不到位，导致试验条件控制不好、燃料消耗量测量数据不准确。

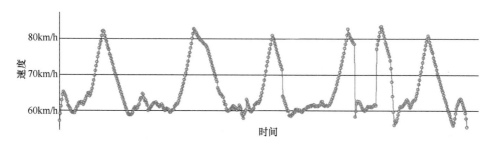

图6.7　试验 B 的现场速度－时间曲线

3. 事件原因分析

技术标准中对加速试验工况的挡位选取、车速控制、加速操作、采样时机等试验驾驶操作要求，以及数据重复性检查与选用等都有明确规定，汽车试验驾驶员应熟练掌握并严格落实，否则就会造成试验条件及原始记录与标准规定要求不符，依此出具的检测结果错误、报告失真。分析研究后认为此类质量事件发生的深层次原因主要包括：一是针对汽车试验驾驶员的技术培训与质量监督不到位，上岗前的实车操控能力考核评价以及现场质量管控工作有欠缺，技能素质有待提高；二是质量意识不强，试验检测过程控制及报告审批责任不落实，未能及时发现问题、解决问题。

4. 案例小结

综上所述，汽车试验驾驶员及试验员在试验过程中的不规范甚至错误操作，后续数据处理及报告编制审核过程的疏忽大意，极易导致检测质量事件的发生。一个合格的汽车试验驾驶员**不但应具备娴熟的驾驶技术，还应对试验方法、标准要求等内容有较为全面、准确的理解，并严格按试验操作规程等文件规定进行试验**；各检测机构在制定操作规程时也不应局限于标准中的文字叙述，还应进一步根据实际试验中的质量风险，不断完善相关文件，如不同试验仪器的触发记录机制及记录的步长时间等易造成试验数据失真、单次试验不成功应重新试验同时清晰标记不成功的试验数据等；试验检测机构加强质量监督和审批责任落实，及时发现异常数据、杜绝不合格报告的出现（标准条款号：表 3 的第 10、13、20 条要求）。

## 6.3 道路交通安全案例

### 6.3.1 案例一

#### 概 况

汽车驾驶员应急处置不当引发交通事故——2012 年 3 月 8 日 7 时许，绕城高速西环 47km 的哈伊高速匝道口处，一辆载有 28t 航空煤油的罐车行驶中发生侧翻（图6.8）。

图6.8 冰雪路面急打方向盘

事故直接原因为在雨雪等恶劣天气下，驾驶员采取紧急制动的同时急打方向盘，导致车辆在湿滑路面侧翻；根本原因为驾驶员未能做到恶劣天气安全及预防性驾驶，且对车辆应急处置操作过程不熟悉。

为此，某汽车试验场对汽车试验驾驶员进行汽车操纵机构的综合培训——主要包括驾驶姿态、方向盘、离合器踏板、加速踏板、变速杆、制动踏板和手动拉杆的培训，使驾驶员在试验过程中养成良好的驾驶习惯。

1. 驾驶姿态

正确的驾驶姿势能减轻驾驶员的劳动强度，便于运用各种驾驶操纵装置和观察各种仪表以及瞭望车前周围的情况，从而能持久、灵活、安全地进行操作。

操作前，驾驶员应根据自己的身材情况，将座位的高、低和垫背的前、后调整适当。操作时，身体要对正方向盘坐稳，两手握持方向盘边缘的左右两侧；两眼向前平视，看远顾近，注意两旁；身靠后垫背，胸部挺起，两膝放开，两脚分别放在离合器踏板旁和加速踏板上，始终保持精力充沛、思想集中和操作自如的姿势（图6.9）。

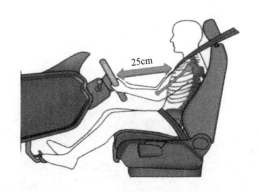

图6.9　驾驶员坐姿培训

## 2. 方向盘

方向盘是操纵车辆行驶方向的机构，正确地运用方向盘，是确保车辆沿着正确路线安全行驶的首要条件。方向盘的正确握法是：两手分别握紧方向盘边缘左、右两侧，按时钟表面12时的位置，即左手在9时、10时之间，右手在3时、4时之间比较适宜（图6.10）。

图6.10　方向盘培训

在平直道路上运用方向盘，两手动作应平衡，根据行进中的各种情况，做必要的修正，一般情况下，不要左右晃动。转动方向盘时，应根据转动方向，以一手为主，一手为辅，适当地拉动或推送。车辆在高低不平的道路上行驶时，应紧握方向盘，以免车辆颠簸时方向盘受到猛烈振动或转向，击伤自己的手指或手腕。

3. 离合器踏板

离合器踏板是离合器的操纵机件，用以控制发动机与传动部分连接或脱开，从而实现动力传递或切断。

使用离合器踏板时，应握稳方向盘，用左脚掌踏在离合器踏板上，以膝和脚关节的伸屈动作踏下或放松。踏下即分离，动作应迅速，并一次踏到底，使分离彻底。松抬即接合，松抬的速度要根据操作时间的具体情况而定，一般是"快－停－慢"的方法。

运用离合器踏板时应注意以下事项：

1）在车辆行驶过程中，不得将脚放在离合器踏板上。

2）除紧急制动外，一般情况应先踏离合器踏板再踏制动踏板。

3）一般不应采用踏下离合器踏板的方法进行滑行。

4）一般不应采用半联动离合器控制车速。

4. 加速踏板

汽油车的加速踏板用来控制化油器节气门的开度，以调节进入气缸的混合气成分和进入量，使发动机的转速提高或降低。柴油车的加速踏板用来控制喷油泵柱塞有效行程的大小，从而实现喷油量的调节，使发动机的转速提高或降低。

加速踏板的操纵，应以右脚跟放在驾驶室底板上作为支点，脚掌轻踏在加速踏板上，用脚关节的伸屈动作踏下或放松，用力要柔和不宜过急，要做到"轻踏、缓抬"，不可忽抬忽踏或连续抖动。车辆运行时，右脚除必须使用制动踏板之外，其他时间都要轻放在加速踏板上。

5. 制动踏板

制动踏板是车辆制动器的操纵机件。车辆减速或停车，是依靠驾驶员操纵制动踏板来实现的。试验中制动有两种方式：预见性制动和紧急制动。

（1）预见性制动

驾驶员在驾驶车辆行驶中，根据已发现的前方道路条件和交通情况的变化或预计可能出现的复杂局面，提前做好了思想和技术上的准备，有目的地采取了减速或停车措施，称为预见性制动。

（2）紧急制动

车辆在行驶中遇到紧急情况时，驾驶员用正确迅速的动作使用制动器，在最短的距离内将车停住，以避免事故发生，称为紧急制动。

离合器踏板、制动踏板和加速踏板如图6.11所示。

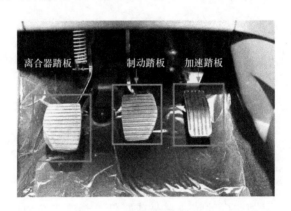

图6.11　离合器踏板、制动踏板和加速踏板

6. 变速杆

变速杆是变速器操纵杆的简称，其作用是接合或分离变速器内各挡齿轮，从而改变传递的转矩和转速，并且可使车辆前进和倒退。

变速杆的位置常见的有两种：一种是位于方向盘的下方；另一种是位于驾驶室底板上（图6.12）。操纵变速杆时，两眼应注意车辆行驶方向的前方，一手握稳方向盘，另一手轻握变速杆环头。换挡时，左脚踏下离合器踏板，右脚松开加速踏板，按排挡位置，用腕、肘关节的适当力量进行操作，不可强推、硬拉，也不可注视变速杆。

每次变换挡位时，都必须经过空挡位置。变换挡位，通常应逐级进行，不

升挡按钮

降挡按钮

停车挡
倒挡
空挡
前进挡
运动挡

图6.12 变速杆

应越级换挡。挂入倒挡必须在车辆完全停止后进行，以免损坏变速器齿轮。如变速杆有倒挡提钮的，必须将倒挡提钮提起后才能挂入倒挡。换挡时，不得强推硬拉而使变速器齿轮发生撞击响声。

7. 驻车制动拉杆

驻车制动拉杆的主要作用是在车辆停车后或上坡起步时制动车辆，防止自行溜动；也可在紧急情况下，辅助制动踏板增强整车的制动效能。在一般情况下，禁止使用驻车制动器使车辆减速或停车，也不允许在车辆未停稳时，就拉紧驻车制动器。

驻车制动拉杆常见的形式有两种，一种是机械式，另一种是电子式，如图6.13所示。

图6.13 驻车制动拉杆

## 6.3.2 案例二

### 概 况

2012 年 3 月 30 日中午 12 时许，一辆大客车在途经杭州绕城公路北线东向西 99km 处（崇贤互通路段）时，与一辆大型仓栅式货车发生碰撞，导致大客车冲出路肩，造成 1 人重伤，多人受伤。

事故原因：大型仓栅式货车行驶过程中突然变道，致使相邻车道同向行驶的大客车紧急转向，导致车辆失控冲下了落差 10m 多的路肩（图 6.14）。

图 6.14　未打转向灯变道引发事故

因此，汽车试验场对汽车试验驾驶员应进行汽车安全驾驶技术培训——主要包括起步、会车、超车的培训，使驾驶员在试验过程中养成安全的驾驶习惯，在紧急情况中做出最正确选择（图 6.15）。

图 6.15　起步、会车和超车

### 1. 起步

车辆从静止状态经动力传递到车辆行驶的过程称为起步。车辆起步应做到安全、平稳、敏捷，其操作方法及注意事项如下：上车前，先检查车前车后车下是否有人和障碍物，货物是否装好。在此基础上，起动发动机，听察发动机运转情况，检查各仪表的指示状况。发动机运转正常，水温达到313K（约40℃）以上，气制动式气压达到起步气压标准，车旁车下无人及障碍物，货物装好，乘人坐好，车门关好后，方可起步。

起步时应先挂挡，后松驻车制动器，并通过后视镜察看后方有无来车等情况，再缓松离合器，适当踩加速踏板，缓慢起步。夜间、浓雾天气及视线不清时，须打开近光灯、示廓灯和尾灯。

### 2. 会车

在同一道路内，上下行的两车相对而行，至车头交会时，两车车身、车尾相错的行驶过程称为会车。

会车时，在与来车交会前，应看清来车装载情况，有无拖带挂车，前方道路及周围环境，适当降低车速，选择较宽阔、坚实的路段，靠路右侧缓行交会通过。会车时要注意保持足够的安全横向间距，做到"礼让三先"，即先让、先慢、先停，并注意非机动车和来往行人。要尽量避免在急弯、狭窄地段等处交会车辆，即使在较宽的路面，也应慢车交会。在视线不良的情况下会车，要降低车速、鸣喇叭，并加大两车间的横向间距，必要时应停车避让。在狭窄的坡路，下坡车让上坡车先行；下坡车已行至中途而上坡车尚未上坡时，上坡车应让下坡车先行。

### 3. 超车

在同一车道内，后车从同方向行驶的前车左侧打方向盘借道后，加速至超过前车车尾、车身、车头的过程称为超车。

超车时应选择道路宽直、视线良好、左右两侧均无障碍物、前方150m以内没有来车的路段进行；超车时，须开左转向灯，向前车左侧靠近，并鸣喇叭（夜间须用变换远近光灯示意）通知前车，确认前车让超后，与被超车保持一定的横向间距，从左边超越。在同被超车保持必要的安全距离后，开右转向灯，驶回原车道。在超车过程中，如发现道路左侧有障碍物或横向间距过小而有挤擦可能时，要慎用紧急制动，以防发生侧滑和碰撞，不要左右转动方向盘，应在最短的时间内，适当拉开距离，然后再伺机超越。在超越停止的车辆时，应减速鸣喇叭，注意观察，留有较大的横向间距，随时做好紧急制动的准备，以防止该车突然开启车门或有人从车上跳下，从车下钻出；防止该车突然起步驶入车道而发生碰撞。

# 参 考 文 献

［1］国家环境保护总局. 汽车加速行驶车外噪声限值及测量方法：GB 1495—2002［S］. 北京：中国标准出版社，2002.

［2］全国汽车标准化技术委员会. 汽车操纵稳定性试验方法：GB/T 6323—2014［S］. 北京：中国标准出版社，2014.

［3］全国汽车标准化技术委员会. 汽车道路试验方法通则：GB/T 12534—1990［S］. 北京：中国标准出版社，1990.

［4］全国汽车标准化技术委员会. 汽车牵引性能试验方法：GB/T 12537—1990［S］. 北京：中国标准出版社，1990.

［5］全国汽车标准化技术委员会. 汽车爬陡坡试验方法：GB/T 12539—2018［S］. 北京：中国标准出版社，2018.

［6］全国汽车标准化技术委员会. 汽车加速性能试验方法：GB/T 12543—2009［S］. 北京：中国标准出版社，2010.

［7］全国汽车标准化技术委员会. 汽车最高车速试验方法：GB/T 12544—2012［S］. 北京：中国标准出版社，2013.

［8］全国汽车标准化技术委员会. 汽车最低稳定车速试验方法：GB/T 12547—2009［S］. 北京：中国标准出版社，2010.

［9］全国汽车标准化技术委员会. 商用车辆和挂车制动系统技术要求及试验方法：GB 12676—2014［S］. 北京：中国标准出版社，2015.

［10］全国汽车标准化技术委员会. 机动车和挂车防抱制动性能和试验方法：GB/T 13594—2003［S］. 北京：中国标准出版社，2004.

［11］全国汽车标准化技术委员会. 乘用车制动系统技术要求及试验方法：GB 21670—2008［S］. 北京：中国标准出版社，2008.

［12］中华人民共和国交通运输部. 道路运输驾驶员 适宜性检测评价方法：JT/T 442—2014［S］. 北京：人民交通出版社，2014.

［13］全国道路运输标准化技术委员会. 营运客车燃料消耗量限值及测量方法：JT/T 711—

2016［S］. 北京：人民交通出版社，2017.

［14］全国道路运输标准化技术委员会. 营运货车燃料消耗量限值及测量方法：JT/T 719—2016［S］. 北京：人民交通出版社，2017.

［15］中华人民共和国交通运输部. 营运车辆抗侧翻稳定性试验方法 稳态圆周试验：JT/T 884—2014［S］. 北京：人民交通出版社，2014.

［16］中华人民共和国交通运输部. 机动车驾驶员安全驾驶技能培训要求：JT/T 915—2014［S］. 北京：人民交通出版社，2014.

［17］中华人民共和国交通运输部. 道路运输驾驶员技能和素质要求 第1部分：旅客运输驾驶员：JT/T 917.1—2014［S］. 北京：人民交通出版社，2014.

［18］中华人民共和国交通运输部. 道路运输驾驶员技能和素质要求 第2部分：货物运输驾驶员：JT/T 917.2—2014［S］. 北京：人民交通出版社，2014.

［19］中华人民共和国交通运输部. 道路运输驾驶员技能和素质要求 第3部分：出租汽车驾驶员：JT/T 917.3—2014［S］. 北京：人民交通出版社，2014.

［20］全国道路运输标准化技术委员会. 营运货车安全技术条件 第1部分：载货汽车：JT/T 1178.1—2018［S］. 北京：人民交通出版社，2018.

［21］全国道路运输标准化技术委员会. 营运货车安全技术条件 第2部分：牵引车辆与挂车：JT/T 1178.2—2019［S］. 北京：人民交通出版社，2019.

［22］中华人民共和国公安部. 临时入境机动车和驾驶人管理规定［EB/OL］.（2006 – 12 – 01）［2024 – 02 – 01］. https：//www. gov. cn/gongbao/content/2007/content_772748. htm.

［23］全国道路运输标准化技术委员会. 机动车驾驶员培训机构资格条件：GB/T 30340—2013［S］. 北京：中国标准出版社，2014.

［24］全国道路运输标准化技术委员会. 机动车驾驶员培训机构培训服务规范：JT/T 1099—2016［S］. 北京：人民交通出版社，2016.